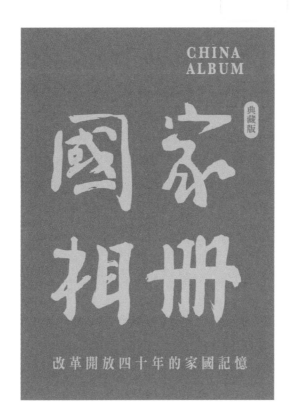

CHINA
ALBUM

典藏版

國家相冊

改革開放四十年的家國記憶

新華社《國家相冊》欄目組　編

序言

何 平 | 新華社總編輯

"歷史是最好的教科書。"

審視中華民族從站起來、富起來到強起來的波瀾壯闊歷程,一個歷史現象值得深入探究:從前所未有的沉淪境地到前所未有地接近偉大復興夢想,這其中蘊含著怎樣的歷史昭示?從"開天闢地"的初心到"改天換地"的壯舉,中國共產黨領導億萬人民進行著怎樣氣壯山河的偉大奮鬥?

歷史,有其自身的發展軌跡與演進規律。

欲讀懂當代,就不能不深入了解中國百年來的歷史發展脈絡。

欲走向未來,就不能不從歷史前進的必然邏輯中獲得思想啟迪。

從寬泛意義上講,凡過去發生的一切皆構成歷史。然而,作為歷史的記錄者總是有所選擇。只有那些具有典型意義,能夠反映時代特徵,甚至可以改變歷史走向的事件、人物、場景,才值得去記錄,去聚焦,去抒寫。

那些忠實記錄歷史的人,就是新聞工作者。

他們手中拿著兩樣武器:筆和鏡頭。相對於前者,後者的表現力更加真實、形象、生動。宏大的歷史敘事,被濃縮於一幅幅照片所定格的一個個歷史瞬間——或是一個動人表情,或是一個經典場景,或是一個生活細節,使得人們在領略浩蕩奔騰的歷史大潮的同時,也可以看清其中的一朵朵微小浪花。

鮮為人知的是,在新華社中國照片檔案館中,珍藏著自 1892 年以來上千萬張歷史照片。這些照片的背後,體現的是無數新聞工作者特別是新華社記者對歷史的擔當、對祖國的熱愛、對人民的情懷。

如果說,私人相冊是一個家庭的個體記憶,那麼,國家相冊則是一個民族的集體記憶。遺憾的是,這些彌足珍貴的照片長期以來一直默默地沉睡在檔案館的鐵皮櫃裏。

重新喚醒民族的集體記憶,是新華人義不容辭的歷史使命。

2016 年建黨 95 週年前夕，一部由新華社傾情製作的微電影《紅色氣質》橫空出世，一時成為"現象級"作品。一代代中國共產黨人為美好理想而奮鬥、求索、犧牲的崇高精神氣質，被高度濃縮在 9 分 5 秒的短片中，震撼了無數人的心靈。而此片的影像素材，主要來自中國照片檔案館。

隨後，一個由新華社精心打造的《國家相冊》系列融媒體節目在網絡上連續推出，一經上線，便成為"刷屏之作"。節目通過新華社領銜編輯陳小波的講述，對中國照片檔案館館藏照片背後的故事進行再採訪、再挖掘、再解讀，並運用新的技術手段讓這些靜態的照片活起來、動起來、亮起來，以小故事講述大歷史，以小細節呈現大時代，讓百年歷史風雲通過每期幾分鐘的微紀錄片穿越時空，與當代人對話。

國史滄桑百年間，家世沉浮夢如煙。相濡以沫濤頭裏，冊頁歷歷史綿綿。大千氣象存此照，美醜真偽皆昭然。無限定格於有限，言猶未盡還無言。

照片雖無言，歷史卻有聲。因為，歷史是有生命、有溫度、有靈魂的。

《國家相冊》迄今已播放 100 集，瀏覽量超過 21 億次，反響之強烈出人意料。節目播出後，一些出版社紛紛表示，希望能將《國家相冊》編輯成書。於是，就有了與商務印書館的攜手合作。*

千百年來，歷史總是在"銘記"與"遺忘"之間搖擺。因此，珍視歷史、尊重歷史、銘記歷史就顯得尤為重要。

習近平總書記指出："一切向前走，都不能忘記走過的路；走得再遠、走到再光輝的未來，也不能忘記走過的過去，不能忘記為什麼出發。"

誠哉斯言。

將中國百年來跌宕起伏、風雲激蕩的歷史以圖片的形式呈現給讀者，就是為了讓人們始終不忘中華民族經歷的苦難與輝煌，倍加珍惜改革開放特別是新時代取得的歷史性成就、發生的歷史性變革，永遠銘記黨領導億萬人民創造的彪炳史冊的千秋偉業。

這就是我們編輯出版此書的初衷，也是向改革開放 40 週年的深情獻禮。

是為序。

2018 年 10 月

*本書簡體中文版 2018 年 11 月由商務印書館（北京）出版

目
錄

第 1 篇

高考四十年

掃這裏看《國家相冊》視頻

講述人：陳小波　導演：徐壯志　撰稿：雙瑞　後期統籌：曹曉麗

1977 年
中斷了 11 年的高考恢復
給數千萬困苦彷徨的青年帶來了希望
改變了一代人的命運
也改變了中國

1977 年 8 月，鄧小平主持召開科學和教育工作座談會，會議決定恢復中斷了 11 年的高考。

中國科學院院士查全性是當年參會的 33 名代表之一，他回憶說：

這個會議最重要的決定就是恢復高考，也是整個會議最重要的一句話。

頭兩天，整個會議的氣氛比較沉悶。大家覺得如果恢復高考，在考試組織、資料審核等方面都存在困難。我一開始就提出，首先還是要把考試這個制度確定下來。小平同志說今年的招生可能來不及了，但是我還是希望可以在今年就組織招考。

最後小平同志問時任教育部部長劉西堯這件事情的可操作性，劉西堯說只要中央下決心，事情就能辦得成。

　　1966 年"文化大革命"開始後，我國全面停止了高考，只有少數工農兵學員可以通過推薦進入大學。

　　1968 年起，一千多萬城市初中、高中生離開學校，插隊到農村，他們被稱為"知識青年"。那時，"讀書無用論"盛行，國家教育體系遭到巨大破壞。

　　1977 年，"文革"結束後再次復出的鄧小平，推動的第一件大事，就是恢復高考。

　　如春天的第一聲驚雷，高考，給數千萬在困苦中彷徨的中國青年帶來了希望。

　　正在塔克拉瑪干沙漠邊緣插隊的艾娣雅·買買提，是在田間勞動時得到消息的："這個消息傳來時，我們正走在鄉間的土路上。那是鹽鹼地，兩邊都是白楊樹，偶爾會有老鄉的毛驢車經過，那一路我們是非常高興地走下來的。"

　　正在福建龍岩農村插隊的劉海峰聽到取消單位推薦、統一組織考試的消息，一下子感到"忽如一夜春風來，千樹萬樹梨花開"："很多'老三屆'，把還沒扔掉的課本教材拿出來學。社會上出現了很多刻蠟版印的複習資料，都被一搶而空。新華書店書一到，就被排隊買走。全社會都在議論高考。"

　　1977 年冬天，570 萬考生走進考場。經過 11 年積壓，師生、夫妻甚至父子同時參加高考的現象都不罕見。考生中，年齡最大的 37 歲。

　　27 萬餘人通過此次高考進入大學校門。此後的 1978、1979 年，又先後有 68 萬餘人考入大學。他們被稱為恢復高考後的"新三屆"。

▲ 1977 年 8 月 4 日，鄧小平在人民大會堂主持召開了科學和教育工作座談會。這次會議決定，恢復中斷了 11 年的高考制度。

- 新華社記者　王新慶　攝

▲ 1977 年，中國科技大學成立少年班，招收了 21 名
　　少年大學生。這是少年班的學生在上物理實驗課。
　　·新華社稿

▲ 1978 年 3 月，清華大學 77 級新生坐在階梯教室裏上課。

- 新華社記者　顧德華　攝

◀ 1977 年冬天，參加高等學校入學考試的青年正在認真答卷。
這次考試規模之大，在當時不僅創造了中國教育史上的最高
紀錄，亦堪稱世界之最。
- 新華社稿

◀ 1978 年春，北京大學迎來恢復高考後錄取的第一批新生。
- 新華社稿

▼ 1978 年 3 月，北京師範大學 77 級新生在學習中交流。
- 新華社稿

▶1979 年全國高考中，上海師大二附中的應屆畢業生應志強
　（左一）總分數為 454 分，名列理科全國第一名，被錄取到
　北京大學物理系；北京知青、雲南省昆明市《邊疆文藝》編
　輯王友琴（右一）總分數為 453 分，名列文科全國第一名，
　被錄取到北京大學中文系。
- 新華社記者　楊武敏　攝

▲ 1980 年，浙江省鎮海縣 13 歲少年施展（左），以 465 分的優異成績考上中國科技大學數學系。
　這是上大學前，施展帶著弟弟在草地上放鵝。
- 新華社記者　徐邦　攝

▲ 1981 年，河南省武陟縣圪壋店公社高中應屆畢業生，16 歲的孿生姐妹丁愛菊（右三）、丁愛蓮
（左三），雙雙考取清華大學物理系。

-新華社記者　嚴世昌　攝

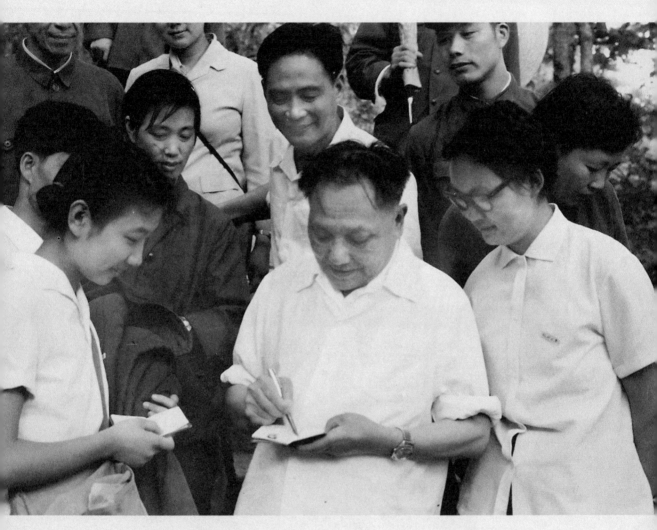

▲ 1979 年 7 月，在登黃山途中，鄧小平為聞訊趕來的大學生簽名留念。

- 新華社稿

1979 年 7 月，75 歲的鄧小平在登黃山途中，被幾名大學生認了出來。其中一位是復旦大學 78 級學生王曉望，她回憶道："我說我是復旦大學新聞系的學生，剛上大學，後面還有兩個同學都是老三屆的，他們考上大學非常不容易，特別想見到您。"

王曉望說出的，是一代因為恢復高考而改變命運者的心聲。

然後我又問小平同志，能不能一起合影留念？能不能給我們簽個字？當時都有學生證，就說簽在學生證上吧。小平同志非常高興，說沒問題，把我們幾個學生證都簽上字，還一起照了張照片。

小平同志給人感覺非常親切。他問我們上大學之後的情況怎樣，感受怎樣。我們向他表達了青年學子能上大學的激動心情，講了我們的收穫。作為決策者，那一次，他從受益者身上得到了最直接的反饋。

1977 年是"文革"剛剛結束、思想禁錮尚待全面解除的時刻，恢復高考吹響了解放思想、解放生產力的第一聲號角。第二年，1978 年 3 月，全國科學大會召開，強調"科學技術是生產力"；1978 年 5 月 11 日，《光明日報》刊發《實踐是檢驗真理的唯一標準》，引發關於真理標準的大討論；1978 年 12 月，十一屆三中全會做出了改革開放的決策。

伴隨著改革開放，這一代大學生中，許多人都成為了各領域的棟樑，他們實現了個人夢想，也為國家發展做出了傑出貢獻。

劉海峰，如今是廈門大學教育研究院院長，用自己的研究推進著高考改革。回憶當年，他認為：

　　高考讓人們知道，知識可以改變命運，自己的命運掌握在自己手中。一代青年精神面貌為之一變。

　　1977 年的高考雖然只選拔了 27 萬人，但是調動了上千萬人學習風氣的轉變。後來中國社會不斷發展，都和恢復高考有密切關係。可以說，高考是當時整個中國發展的原點。

　　1977 年，全國高考錄取率僅為 5%。2017 年，全國高考報名考生共 940 萬人，錄取率達 74.46%。知識改變了一代青年的命運，而他們也改變了中國。

▲ 2017 年 6 月 8 日，在遼寧省瀋陽市第七中學考點，考生結束高考英語科目考試後走出考場。

-新華社記者　李鋼　攝

◀2015 年 5 月 20 日，美國哥倫比亞大學舉行第 261 屆畢業典禮，約 15,000 名畢業生參加儀式，其中包括近 600 名中國學生。據統計，2013 至 2014 學年，中國在所有派遣赴美留學生的國家中居第一位，中國留學生人數佔美國國際生總數的 31%。

- 新華社記者 王雷 攝

◀2017 年 7 月 4 日，在北京大學 2017 年本科生畢業典禮暨學位授予儀式上，畢業生看著畢業紀念片不禁落淚。這一年該校共有 3,358 名本科生畢業。

- 新華社記者 沈伯韓 攝

●【陳小波－《國家相冊》微紀錄片欄目講述人】

　　1977 年，恢復高考的決定是怎麼做出的？

　　誰做出的？

　　在哪裏做出的？

　　導演徐壯志決定找到那個做決定的地方。

　　新華社王新慶先生 1977 年拍攝的現場照片，圖片說明只寫著 "人民大會堂"。我打電話去問，問到底在哪個廳，在現場到底聽到什麼、看到什麼，當時只有 36 歲的王新慶，現在死活想不起來了。

　　週四，我們決定拿著照片去人民大會堂找。四川廳，不對；北京廳，也不是。好不容易看到一個相像的，江蘇廳，先拍了再說。

　　週五，《國家相冊》要發佈的日子。中午我在外面公幹，突然收到導演徐壯志的信息：從當年文字記者顧邁南的長篇通訊裏得知，是在台灣廳。

　　壯導說：必須重拍。

　　中午十二點，我和攝影江宏景、製作曹曉麗冒著北京 38℃高溫，趕到人民大會堂，在工作人員幫助下找到台灣廳。一打開門，還不對啊！金碧輝煌的台灣廳，燈不對，窗戶不對，格局也不對。曉麗推開台灣廳的一個門，大叫：在這裏！

　　恢復高考的決定，一個改變一代人命運的決定，一個改變中國走向的決定，原來是在台灣廳裏面一間不足 30 平米、窗簾拉得很緊、很樸素無華的小屋子裏做出來的……

● 【王曉望 復旦大學 78 級學生】

"18 歲生日那一天，我得到了高考錄取通知。"

我叫王曉望，1978 年暑假參加高考，那時我還是一個中學生。

我們當時也是分了文科和理科。只有不到半年的時間，需要把中學所有學過的東西全部複習一遍，數學、語文、政治、英語，文科考地理、歷史，老師幫我們一起複習。老師也是第一回，對他們來說，高考都是十幾年前的事情了，他們也非常興奮，盡了全力幫助我們。

大家都覺得比較難考，我很幸運，被復旦大學新聞系錄取了，而且是在18 歲生日當天收到錄取通知的。

● 【劉海峰 現任廈門大學教育研究院院長】

"我知道消息以後，就回城裏備考了，車票很難買。"

我是 1976 年 6 月份高中畢業，上山下鄉。離家不是太遠，有幾十公里，非常偏，只有四個村子通馬路。在那邊做農活，我算短的，加起來一年零九個月，農村的活都幹過。

我聽到高考信息，最早是 1977 年 9 月份傳出來，到 10 月 21 號，新華社、《人民日報》同時發佈了確切消息，我們從收音機裏聽到了。當時已經過了農忙，我知道消息以後，就回城裏備考了。回城的車票變得很難買。

"全國各地考試時間不一樣，這是中國高考歷史上唯一一次。"

1977 年雖然中央公佈高考消息，但各省招生簡章、具體辦法都沒有出來，大家備考考哪幾科都不知道。福建省是 11 月 5 號公佈簡章的，規定考試時間是 12 月 16 號、17 號兩天。當時全國都是分省命題，考試時間也不一樣，這是中國高考歷史上唯一一次。北京 12 月 10 號、11 號考，有的省份是快到 20 號才考。從 11 月公佈招生簡章到實際考試不到 40 天，時間很緊張。

第 2 篇

驚雷第一聲

掃這裏看《國家相冊》視頻

講述人：張瀚培　導演：李柯勇　執行導演：饒力文　撰稿：甘泉、張紫贇

1978 年冬天

18 戶農民秘密進行了一次危險行動

……

當年貼著身家性命幹的事

變成中國改革的一聲驚雷

成為中國改革的標誌

　　嚴宏昌、嚴金昌、關友江等"大包乾"帶頭人回憶起當年的情景，仍激動不已，因為當年幹的一件事，已經影響了中國 40 年。

　　那是 1978 年初冬的一個黃昏，安徽省鳳陽縣小崗村 18 位衣衫襤褸的農民去趕赴一場危險的集會。嚴宏昌挨家通知開會時，特意叮囑說："太陽下山的時候再去，去的時候不要一起走，也不要和家裏人講。"

　　這次秘密集會，就為了四個字——"分田單幹"。嚴宏昌回憶：開會人聚齊了，但沒人談生產，都是在互相交流哪裏好要飯，我心裏很難受。我對大夥兒說，我們農民有土地有力氣有手腳，還吃國家的糧，被共產黨養活二十多年，那工農商學兵還有的吃嗎？我們要甩掉吃國家供應的帽子，爭取對國家有貢獻。今天的目的，我不說，你們也知道，我想把地分了。辦法是我想的，我來挑頭，意見很簡單：完成國家的，留足集體的，剩多剩少都是自己的。

在當時的政治環境下，這樣做可是有坐牢危險的。這場碰頭會一直持續到了半夜，他們分別在這份"託孤"契約上按下鮮紅的手印。嚴宏昌在契約上寫著這樣一行字："我們幹部坐牢殺頭也甘心，大家社員也保證把我們的小孩養活到十八歲。"誰也不敢想，這串紅手印將化為一聲春雷喚醒沉睡的大地。

那時，十年浩劫剛剛結束，極"左"思想仍像枷鎖一般禁錮著中國。在延續已久的"大鍋飯"體制下，農民自主經營是被明令禁止的。小崗村曾有一戶人家，只因私下種了些生薑辣椒，養了兩頭豬，就被連續批鬥，還上了報紙。大家談"私"而色變。嚴重平均主義死死捆住了人們的手腳，農民毫無生產積極性，人越幹越懶，地越種越薄，糧越收越少。貧窮和飢餓籠罩著這片土地，每到農閒時節，幾乎家家戶戶都出去要飯。

關正景當時是生產隊的記工員，他回憶說：

小崗村 24 戶一百七十多人，整勞力十分工，半勞力五分工。一個勞動力（十分工）一天最低四分錢，最高兩毛二分錢。硬戶還能掙點錢，軟戶還要貼錢。"春緊夏鬆秋不幹，滾著一住就要飯"。

70 年代初，我也坐拉煤車去上海要過飯。飯不好要。有人罵："這麼年輕，有腿有胳膊沒飯吃算什麼東西！"

1978 年，一場百年不遇的大旱加劇了農村饑荒，小崗村村民被逼無奈，不得不鋌而走險。"分田單幹"的做法可以用一句順口溜來概括："交足國家的，留夠集體的，剩下都是自己的。"清晰的責、權、利劃分，立即調動了群眾的積極性，出現了男女老幼齊下地的火熱勞動場面。

　　這個秘密被 18 戶農民嚴嚴實實地藏了起來。然而，到了春天，長勢喜人的秧苗卻“泄密”了。當時，連包產到組都飽受圍攻，更何況分田到戶呢？小崗人戰戰兢兢。跟村民一樣緊張的是基層領導幹部，如果轄區裏出了這麼大的政治錯誤，那該是多大的罪名？

　　1979 年 4 月的一個下午，聽到風聲的縣委書記陳庭元來到小崗村一探究竟。擺在他面前的是像棋盤般整齊的花生地，如果還是“大呼隆”式的勞動，絕不可能幹得這麼好。

　　時任鳳陽縣委辦公室秘書的陳懷仁，清楚地記得當時陳庭元探查小崗村的場景：一對年輕的農民夫婦在地裏幹活，陳庭元走到跟前問：“你們怎麼就兩個人幹活呢？看樣子你們是分到戶幹的吧？”那兩口子一下子說不出話來，僵持了一會兒，陳庭元說：“哦，我知道了，我知道了，你們生產隊今天都趕集去了，就剩你們兩口子幹活了。”

　　這個時候，陳庭元已經心知肚明了。

　　在巨大的政治風險面前，公社扣下了小崗村春播的種子，村民們有苦難言。作為縣委書記，陳庭元也不是沒有擔憂過，但是他說：“小崗這麼幹，只不過是想吃飽飯嘛！就算錯了，對全局也沒有多大影響。”可公社還是害怕，要求縣裏下個文表示同意。陳庭元叼著煙捲笑了：“這種事，只能幹，怎麼能下文？”有了他親自擔保，小崗村村民才領到了種子。

在那個特殊時期，小崗村的改革顯得如此弱小，任何一股風都可能將它吹滅。當時出現了一些反對聲，"堅決頂住安徽的'分田單幹'風！""支持'包產到戶'，就是遷就農民的落後意識！"在激烈交鋒中，一批敢擔當的領導幹部頂住壓力，想方設法保護了群眾的積極性。鳳陽縣對外玩起文字遊戲，稱之為"大包乾"，迴避了"到戶"二字。

可是，上級領導是什麼看法呢？沒過多久，省委書記萬里來了。

陳庭元向萬里匯報了一個順口溜："'大包乾'真正好，幹部群眾都想搞。只要給幹三五年，吃陳糧，燒陳草。"意思是只要允許農民"大包乾"，幾年後糧庫裏就能攢下糧食。萬里一聽到"吃陳糧，燒陳草"，高興得一下站起來，說："那好，我批准你們搞三五年。"

消息又傳到中央，是鄧小平一錘定音："'大包乾'會不會影響集體經濟，我看這種擔心是不必要的。"

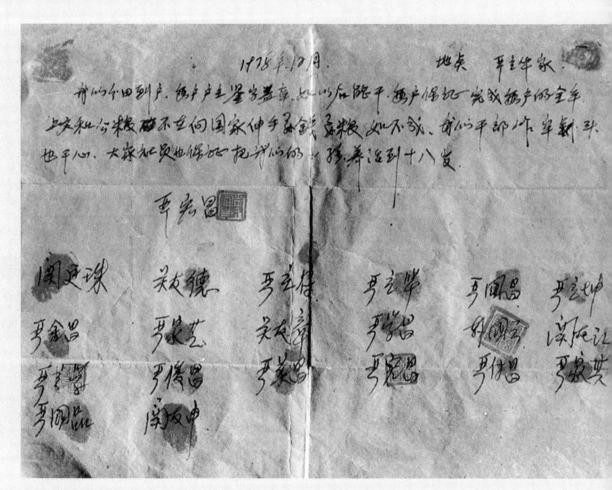

▲ 1978 年冬，安徽省鳳陽縣小崗村的 18 位農民在一紙分田到戶的 "秘密契約" 上
　按下鮮紅的手印，實行了農業 "大包乾"。這是小崗村 18 位農民按下紅手印的 "包
　產到戶" 契約。

-新華社稿　汪強　攝

▲ 1978 年 12 月，安徽省鳳陽縣小崗村的三位農民。小崗村開創了家庭聯產承包責

任制的先河，被稱為 "中國農村改革第一村"。

- 新華社稿　汪強　攝

▲1979年，安徽省鳳陽縣小崗村。

-新華社稿 汪強 攝

▲ 1979 年，分田到戶的小崗村人趕著牲畜去勞動。
- 新華社稿 汪強 攝

▲ 1980 年，逃荒在外的小崗村農民返鄉。實行 "大包乾" 後，人們的生產積極性高了。

- 新華社稿 汪強 攝

▲1979 年，小崗村實行 "大包乾"。一年後，迎來了豐收。

・新華社稿　汪強　攝

▶ 20 世紀 80 年代初，小崗村 "大包乾" 帶頭人嚴宏昌在村
　裏第一個買了拖拉機。
‑ 新華社稿　汪強　攝

▲ 1981年，嚴宏昌一家在自家茅屋前留影。
新華社稿　汪強　攝

◀ 1998 年，14 位 20 年前按下紅手印的小崗村村民在即將
　　拆除的茅草屋前留影。另外 4 位在 80 年代已先後離世。

- 新華社稿　汪強　攝

歷史再一次證明，人民群眾是歷史的創造者。把選擇權交給農民，他們便能創造歷史。18 位農民敢闖敢試，敢為人先，點燃了改革火種；一級級黨員領導幹部實事求是，敢說真話，保護了火種。火種逐漸壯大，遇薪則燃，轟然成勢，很快蔓延到全中國。

以小崗村為邏輯起點，人民群眾的首創精神在黨的領導下進行了一次又一次突圍，解放了被落後制度束縛許久的生產力。

2016 年，習近平總書記來到小崗村。重溫當年 18 位村民按下紅手印、簽訂"大包乾"契約的情景。習近平感慨道："當年貼著身家性命幹的事，變成中國改革的一聲驚雷，成為中國改革的標誌"，"今天在這裏重溫改革，就是要堅持黨的基本路線一百年不動搖，改革開放不停步，續寫新的篇章。"

改革開放 40 年來，小崗村也曾陷入迷茫，有人說這裏"一夜越過溫飽線，20 年沒跨過富裕坎"。跌宕起伏中，小崗人也在不斷思量。

嚴宏昌之子嚴余山，現在是小崗村青年創業的帶頭人。他說："我父親那一輩人，完成了在那種情況下歷史賦予的使命，極大地解放了基層農村的生產力。我們這一代人，要把父輩的改革精神傳承和延續下去，首要任務就是盡快實現農業現代化。"

中國發展進入新時代，鄉村振興戰略漸次展開。站在新的歷史起點上，該有怎樣的新作為？這是小崗人面對的時代之問。

▲ 2008 年 10 月 7 日，小崗村村民嚴成（右）與新婚妻子曹永翠在小崗村 "大包乾"

紀念館前拍攝紀念照。

新華社記者 李俊東 攝

▲ 2018 年 9 月 27 日，安徽省鳳陽縣小崗村全貌。
新華社記者 張端 攝

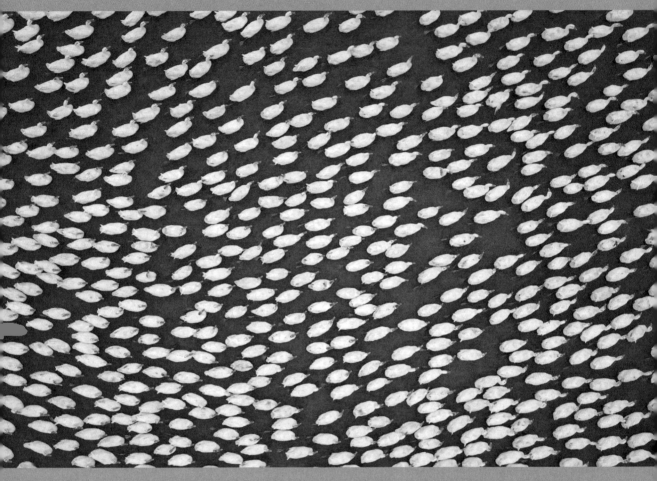

▲ 2018 年 9 月 16 日，小崗村一處養殖鴨子的水塘。

· 新華社記者 才揚 攝

採訪
口述

● 【嚴宏昌 安徽省鳳陽縣小崗村村民、"大包乾"帶頭人之一】

"如果吃到飯了，我相信黨能理解。"

雖然我被選上當村委會主任了，但如果我不想辦法去幹，老百姓還是一天到晚沒飯吃。如果吃到飯了，我相信黨能理解。

大家積極性特別高，說你只管幹。還推薦我來分（分田到戶），因為以前我長期在外不知道村裏的土地情況，不會偏心。

我說寫個承諾。我當時帶的淮北牌香煙，一毛五一包，煙盒拆開，就寫在煙盒裏面的紙上。只有我、貧農代表有私章，大多數人沒有，也不會寫字，所以我幫著寫了名字，大家按手印。

我當時想的是，如果有一天我被殺頭了，孩子長大了看到這個東西，能知道他父親不是個孬熊，是為了大家有飯吃。

陳書記說，你只要保證小崗不要飯。

幹得太快了，有人就開始懷疑了。後來上面（公社）把小崗村的化肥種子全部扣下，我去找了很多趟都不給。村裏又有人想去要飯了。我說勞動力去要飯了，不就白分地了嘛。

意想不到的是，後來縣委書記（陳庭元）來了，還主動與我握手，他問我："聽說你把地都分到各家各戶幹了？"我說，是把地分了，也不叫單幹，就是不想吃國家供應糧了。我有信心肯定能弄好，幹一年，保證下一年不吃國家糧，不用國家任何救濟，還保證給國家糧。

他說，你只要保證小崗不要飯。我說陳書記，你看，他們從早上到現在沒有回過家，老百姓有這個勁頭，怎麼會幹不好！我打算至少交國家 1 萬斤以上。聽我這麼說，陳書記也很感動。

到了秋天，我們花生、小麥、水稻收了十三萬餘斤，從人均 20 斤跳升到了 400 斤，我那時一天一趟帶著各家各戶挑著糧食到板橋去賣，那年向國家賣了六萬多斤。

第 **3** 篇

「錢」世與今生

掃這裏看《國家相冊》視頻

講述人：陳小波　導演：郝方甲　撰稿：邵香雲、張晞輝、李帥、王軍鋒、陶亮、侯博　後期統籌：曹曉麗

從沒錢

到有錢

從帶錢

到不帶錢

錢包裏

裝著老百姓的日子

更有一個

日新月異的中國

下圖（見 052 頁）是 20 世紀 50 年代的商店布料櫃台，一尺花布售價 3,750 元。這是舊幣價格，也就是第一套人民幣的價格。當時最大面額是 5 萬元，買點日用品動輒都要上萬。面額這麼大，是因為新中國成立前連續多年通貨膨脹遺留的影響沒有完全消除。

為了適應新的經濟環境，1955 年，國家收回第一套人民幣，發行第二套人民幣。

舊幣換新幣的比例是：一萬元換一元。如此 "以大換小"，有人擔心錢越換越少，為了安民心，商店裏、街道上，到處都貼上了宣傳標語："錢不但毛不了（指貶值。編者註），而且物價會更加穩定。"

兩套人民幣通用期間，商品同時用新幣和舊幣兩種價格標示。習慣了 "成千上萬" 花錢的人們，很快適應了分票、毛票。

▲1955年，在新人民幣發行的前夕，天津市百貨公司和平路門市部花布櫃的售貨員
正在更換商品的標價。

- 新華社稿　于嘉楨　攝

國家實行計劃經濟制度時，生活必需品憑票證定量供應，光拿錢是買不到東西的。糧票、油票、布票、雞蛋票、肥皂票、火柴票……每戶人家幾乎都有幾十種票證。

《大河報》曾向讀者徵集有關票證的故事，有件事讓記者孟冉感慨不已：故事的主人公叫郎永生，河南扶溝縣居民。他的母親在彌留之際，給了他一大包糧票，有全國糧票，有河南省糧票，也有當地的糧票，竟有一千二百多斤！老母親對孩子們說："將來我不在了，你們拿著糧票去換糧食吃，不至於餓肚子……"

原來，20世紀五六十年代的河南，每人每月平均只有二十多斤的糧食定量，經常不到月底糧票就用完了。怕孩子們捱餓，母親總要想盡辦法攢糧票。後來日子寬裕了，攢糧票卻成了母親的習慣，有點餘錢就趕緊換成糧票。

這位八十多歲的老母親餓怕了，她相信只有靠糧票，才能填飽孩子們的肚子。老人不知道的是，她苦心留下的糧票兒女們並沒用上。就在她去世後幾個月，河南省結束了票證的流通。

改革開放後，物質供應逐漸充裕起來，再也不用按人頭定量配給了。20世紀90年代起，各種票證陸續退出歷史舞台。

有人說，什麼是市場經濟？就是買東西不用票了。

▲ 1955 年 3 月，國家發行新的人民幣，舊人民幣一萬元兌換新幣一元。兌換期間，首都北京到處都張貼著宣傳標語和宣傳畫。

- 新華社稿

◀ 1950 年 1 月，中國人民銀行總行發行的第一套人民幣壹萬元票面。

- 新華社稿

▲ 1955 年 3 月 1 日，中國人民銀行上海分行特設立了專為
　少數民族群眾兌換新幣的兌換所。

- 新華社記者　張申明　攝

▶ 1955 年 3 月，國家發行新的人民幣，
　這是北京一家商店裏張貼的宣傳標語。
- 新華社稿

▼ 1955 年 3 月，天津南郊農民正在兌換新幣。
- 新華社稿

舊幣兌換新幣應注意問題

一、兌換人持有舊幣一百元以下券者，兩種舊幣合五元以下的舊幣，凡舊人民銀行以民幣實物兌換，一舊元，舊元的舊幣

二、新幣發行後舊幣仍流通限期，由三月一日起至三月州一日止兌換，州一日停止流通期限一個月

三、流通期限滿一週元和五角五角舊幣與其舊幣均在兌換期限兩通舊元均在兩通，一舊元和五元舊元均將為兩通

四、一月，由三月一日起至四月州日將止兌換，五年作止兌換期間兌換延長

舊幣壹萬元兌換新幣壹元

舊幣壹仟元兌換新幣壹角

舊幣壹佰元兌換新幣壹分

舊幣伍萬元兌換新幣伍元

舊幣伍仟元兌換新幣伍角

舊幣伍佰元兌換新幣伍分

舊幣元兌換新幣的比價遵照國務院規定

2103 6055
521
00 05 70 63
317888
02131817124129223
7752855
229825

兌換處

◀ 1955 年，天津郊區的孩子們對兌
　換來的新人民幣很好奇。
- 新華社稿

▲ 1958 年 1 月，計劃經濟時代，買糧食要憑糧票。圖為天津的張玉恩大娘用糧票到
糧店買大米。

- 新華社記者 梁一丁 攝

快速發展的經濟，讓人們吃飽穿暖，也讓生活多彩起來。

沒錢的時候想富裕，有錢了新的難題又來了：帶錢出門怕丟，放家裏怕偷。糧食缸、沙發縫、床墊下、相框後……人們為了藏錢費盡心思，藏來藏去，常常連自己都忘了藏在哪了。

生意人帶錢出遠門更是提心吊膽、絞盡腦汁。河北省曲周縣人曹獻忠對此記憶猶新：

> 80年代初，我第一次出遠門做生意，家裏只有3,000元，都帶上了。怕不安全，就準備了一件多兜坎肩，把錢分開裝在各個兜裏，內衣也裝了錢。當時是冬天，又在外面穿了好幾層外套。
>
> 到了90年代，生意好了，生活富裕了，出門帶的錢多起來了。有一次是夏天，沒辦法穿很厚的衣服，就專門找了一個帶兜的內褲，最多一次裝了大概7,000元。但是很不方便，取錢還要去廁所拿，再付給人家。那時候只有存摺，沒有銀行卡，買東西只能用現金。

不僅要有錢花，還要花得開心、方便。從南到北，從沿海到內陸，新的支付方式一波一波走進人們生活。

周炳志曾是中國銀行的一名員工，1985年他去香港探親，第一次見到了信用卡。在目睹信用卡支付的便捷之後，周炳志興奮得很，把香港信用卡的申請表格等資料全部帶回了珠海，向行長提出：我們內地也可以引進這些新的金融產品。

兩個月後，中國銀行珠海分行推出了中國內地第一張信用卡。卡片沒有磁條、芯片，每次刷卡都要打電話給銀行核實信息。

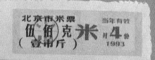

▲ 20 世紀曾經用過的各種票證。

▲中國內地第一張信用卡。

◀ 2016 年 11 月 3 日，法國巴黎春天百貨，工作人員試用支
　付寶收付款功能。巴黎春天百貨公司是法國首家引入支付
　寶支付業務的商家。如今支付寶、微信支付等支付方式悄
　然走出國門，受到境外消費者的歡迎。

- 新華社記者　李根興　攝

▲ 2017 年 5 月 27 日，中國銀聯聯合四十餘家商業銀行在北
　京舉行發佈會，正式推出銀聯雲閃付二維碼產品，持卡人
　通過銀行 APP 可實現銀聯雲閃付掃碼支付。

- 新華社記者　李鑫　攝

◀ 2017 年 4 月 14 日，來自澳大利亞悉尼的蒂姆（前左一）
　領著從美國剛來的朋友傑弗瑞（前左二）在杭州體驗了一
　回不帶現金的出行。從購物、點餐、坐公交、租用共享單
　車到醫院繳費等，蒂姆都能順利地使用手機支付。

- 新華社記者　黃宗治　攝

編者講述

● 【郝方甲 -《國家相冊》微紀錄片欄目導演】

　　我曾看過一篇關於設計人民幣的文章，覺得有趣，便請幾名記者著手做功課。但輾轉幾撥人，寫了幾版，卻怎麼也走不出“過於技術”的死胡同。

　　策劃會議室裏一片愁雲慘霧。突然有人説：造錢做得這麼費勁，那我們乾脆做一集花錢好不好？

　　場面一下就打開了，愁眉苦臉全變成了眉飛色舞，人人都有一大堆故事要講。很快，好故事一個接一個冒出來了。

　　看來有些彎路，不能不走。

　　凡是策劃會上大家搶著講故事的，做出來都是好片子。好幾個人同時想起，從前帶錢出遠門，都要穿個有兜的內褲，或在內衣裏縫上個夾層，厚厚一沓鈔票塞在裏面，貼著肉才放心。

　　在旁邊等下一場策劃的記者劉潺插話，説自己中學時到外省參加排球比賽，媽媽就給他準備了這樣一條內褲，鄭重地放了 10 塊錢，供他零花。小劉潺一路上羞得像揣著一個天大的秘密，到了比賽的地方卻發現，連最神氣的國家隊大哥哥們竟也是“一買東西就扯開褲腰拿錢”。

　　一搜淘寶，發現這種內褲竟然還有！可以裝現金、裝手機、裝護照……笑説要買一條，讓優雅知性的小波老師在鏡頭前輕輕拎起，問：“這樣的褲衩，你穿過嗎？”大家笑成一片。

　　中國變化太快了，舊東西消逝，新事物湧現，10 年就是一番新光景。花錢是件平常事，但錢包裏裝著老百姓的日子，更裝著一個日新月異的中國。在《國家相冊》裏，我們講糧票、白菜、燙頭、廁所……如此不厭其“小”，就是為了講尋常日子裏的智慧和看似尋常日子蘊含的巨大能量。

第 4 篇

股市與時代

掃這裏看《國家相冊》視頻

講述人：陳小波　導演：郝方甲　撰稿：潘清　後期統籌：胡玥聰

30 年間

中國股民與中國股市一起經歷風雨

從最初的稚嫩、衝動

到越來越成熟、理性

他們曾經

也正在

與發展的時代共舞

作為曾經的遠東金融中心，上海與資本市場的淵源由來已久。

早在 1882 年，第一家具備交易所雛形的股市公司成立。民眾對所有股票都趨之若鶩，不加分辨，狂熱搶購。《申報》將其形容為 "無論如何，競往附股"。結果僅一年，股市就崩盤了，中國遭遇了第一次現代意義上的金融危機。

抗戰勝利後，國民政府著手籌建官方證券市場。1946 年 9 月上海證券交易所開業。然而在政治和經濟的全面崩潰下，股市難以獨善其身。1949 年 5 月上海解放，證券交易所停業，為舊中國股票市場畫上了句號。

1986 年 11 月，鄧小平將一張上海飛樂音響股份有限公司的股票贈送給紐約證券交易所董事長約翰・范爾霖。那時中國股市剛剛起步，只有飛樂音響與延中實業兩隻股票。

在計劃經濟體制運行了幾十年後，中國向世界宣告：社會主義國家也可以有股市。改革開放總設計師鄧小平說，"要堅決地試"。改革的早春，一批敢"吃螃蟹"的人看到了機會。

1988 年，38 歲的楊懷定辭去上海鐵台金廠的倉庫保管員工作，揣著兩萬元積蓄投身股市，成為一名職業股民。他每天進出股市的資金規模一度達到上百萬元，人稱"楊百萬"。

儘管如此，股票對多數老百姓來說還是陌生的。但狀況很快發生了改變。

1990 年 12 月 19 日，黃浦江畔浦江飯店，一面從舊貨市場淘來的銅鑼，敲響了上海證券交易所的第一記開市鑼聲。8 隻股票、12.34 億元市值，開啟了中國資本市場的大幕。

幾乎同時，在另一片改革開放熱土上，深圳證券交易所正式成立。自此，以兩大證券交易所為載體，中國股市從本土走向世界。

透過照片，我們能夠感受到時代劇變和人心悸動。上海證券交易所成立不久，每天辦理股票賬戶的股民們都在馬路邊排起長隊。越來越多人被發財的故事撩撥著，投身股海，"股票熱"持續升溫。上海證券交易所在近萬平米的廣場上開設了股票買賣臨時委託點，日均交易人次過萬。

上海股民胡鳳梧回憶起 1992 年買上海最早發行的股票認購證時的故事：當時股票認購證是 30 塊錢一張。我買了 10 張，就是 300 塊錢。300 塊錢對我們工薪階層來說是一筆很大的開支，當時沒有人買。我買回去以後，被我老母親罵了一頓。她說買這個紙幹什麼呀！

後來，大家發覺股票能掙錢，認購證就開始瘋搶了。有人提出向胡鳳梧買，說出 5,000 塊錢買她 300 塊錢的認購證。她想了想，沒捨得賣。

"結果就是掙了一大筆錢咯。" 胡鳳梧笑說。

上海工人文化宮旁邊的空地，曾是最大的散戶集會中心。人們在這裏分享心得、交流消息。股市，讓普通百姓與宏觀經濟的關係變得空前緊密。

股市火了，不光炒股掙錢，連賣信息都能發財。1993 年，謝榮興和同事們在公司閣樓裏創辦了一份小報《股市大哥大》，為股民盤點分析市場行情，兩頁紙的小報每天能賣幾千份。隨著改革開放進程，"市場"這位老師給人們上了一課又一課。

7 歲"生日"當天，上海證券交易所遷往浦東，告別了那面二手舊鑼，還擁有了亞洲最大的無柱交易大廳。這面新銅鑼，先後為一千多家公司上市鳴響。2014 年，更開通了聯通內地與香港股市的"滬港通"。對老百姓來說，投資方式越來越多元。

▲ 1949 年 2 月 21 日，當時的上海證券交易所。

- 新華社稿

◀ 1987 年 1 月，上海燈泡廠的職工在購買股票。23 日一天內，這個廠的職工共認購
　股票 3,680 股，計人民幣 36.8 萬元。

- 新華社記者　張劉仁　攝

▲ 1990 年 12 月中旬，位於上海黃浦路 15 號浦江飯店內的上海證券交易所正式開
　業。圖為經紀人正在進行交易。
- 新華社記者　柳中央　攝

▶ 1992 年 6 月 16 日，這位大媽在北京騾馬市大街證券交易營業部前坐等 10 個小時
　之後，終於買到了一筆債券。這一天，中國農業銀行北京市信託投資公司向社會發
　行企業債券 2,000 萬元，利率為年息 9.5％，期限兩年。
- 新華社記者　劉衛兵　攝

▲ 1993 年 3 月，江蘇省國際信託投資公司上海證券
　營業部建成開業，股民在爭相購買股票。
・新華社記者　方愛玲　攝

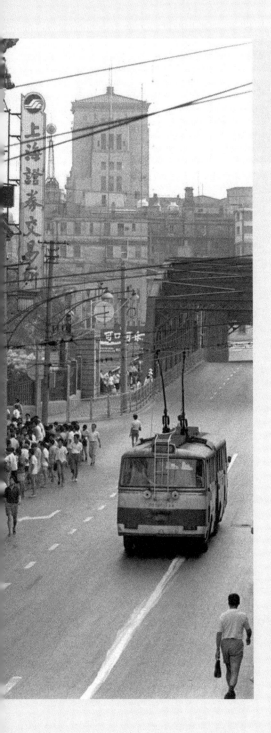

◀ 1991 年，上海市民為辦理股票賬號登記手續在證券交易所門前排起了長
隊。1988 年，上海外匯調劑中心成立；1990 年 12 月，上海證券交易所
正式營業，加上已有的 4 家證券公司和 9 家兼營證券業務的中介機構及
六十多個證券代理點，上海證券交易已形成了一定規模。

- 新華社記者　柳中央　攝

▲ 1992 年 3 月 27 日，上海又有 5 種新股票上市交易。至此，上海證券交易所掛牌
　交易的股票已達 15 種。那次新上市的 5 種個人股共計 6,920 萬人民幣，約佔當時
　個人股上市量的 86%（按股票面額計算）。

- 新華社記者　柳中央　攝

▲1992 年 4 月，北京第一家民辦證券學校 "萬隆證券學校" 正式開學。首期 120 名
　學員中有工人、機關幹部、個體戶等，他們將在 3 個月的時間內學習有關儲蓄、證
　券、股票的理論知識及應用技能。

- 新華社記者　宋曉剛　攝

◀1992 年 5 月 17 日，清華大學經濟管理學院在校
園內舉辦 "深圳證券交易所清華模擬交易市場" 活
動。這項作為 "投資學" 的實踐課吸引了眾多學生。

- 新華社記者　張燕輝　攝

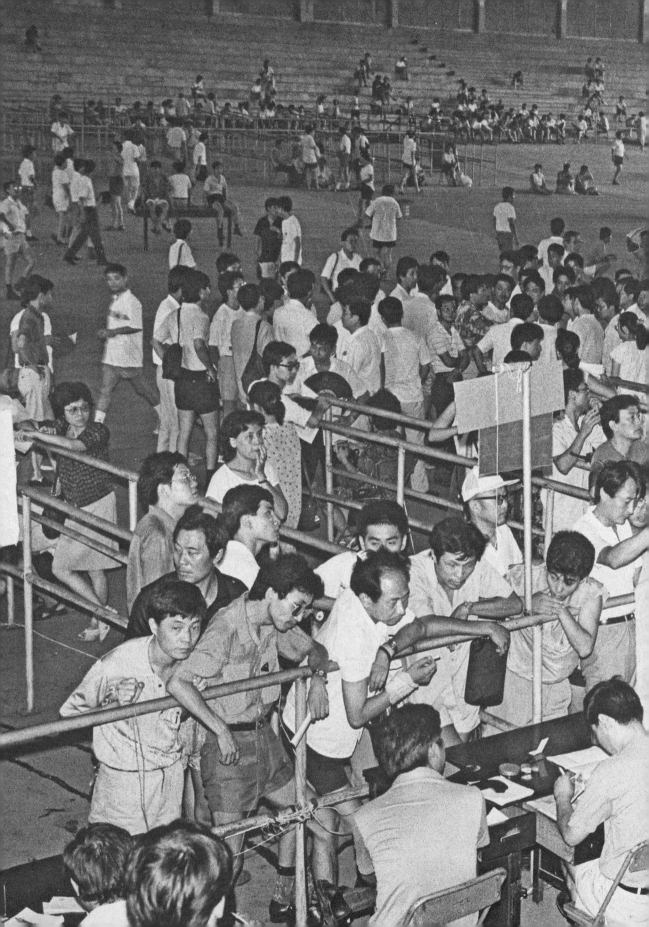

▲1992年8月，上海證券交易所在文化廣場開設股票買賣臨時委託點，使上海股票買賣緊張程度得到一定緩解。該委託點佔地面積近 10,000 平方米，最高日交易達 6,000 人次。

新華社記者 柳中央 攝

▲ 1993 年 3 月 25 日，新疆證券公司正式開通與上海證券交
易所的異地聯網專線，成為上海證券交易所的異地會員公
司，並於當日在烏魯木齊首次開立股票交易資金賬戶。從
24 日夜裏開始，烏魯木齊的群眾便開始在新疆證券公司門
前排起長龍。

- 新華社記者 沈橋 攝

▲1993 年 5 月 24 日，北京天橋百貨股份有限公司、北京天
龍股份有限公司的股票在上海證券交易所掛牌上市。在北
京證券有限公司營業大廳，手持"大哥大"的京城股民密
切關注上海證券交易所的行情。

-新華社記者 張旭 攝

◀ 1996 年 6 月，海南省證券公司門前一股民面對鏡頭露出
笑容。4 月份以來，深圳和上海股市持續上漲，股民炒股
熱又有所回升，一度冷清的股市又熱鬧起來。

- 新華社記者　姜恩宇　攝

現在中國股市總市值已超過 50 萬億元，成為僅次於美國的全球第二大證券市場。它不僅承擔起了優化資源配置的歷史重任，一定程度上也成為中國經濟發展的 "溫度計"、"晴雨表"。

30 年間，中國股民與中國股市一起經歷風雨，從最初的稚嫩、衝動，到越來越成熟、理性。他們曾經，也正在，與發展的時代共舞。

▶ 2018 年 3 月 8 日，香港交易所在香港金融大會堂舉辦 2017 年度"滬深港通"頒獎禮，表揚主要經紀商於 2017 年參與"滬深港通"互聯互通股票交易機制所取得的成績。

－新華社記者 李鵬 攝

▶ 2016 年 2 月 22 日，滬深股市雙雙上漲，上證綜指以 2,927.18 點報收，較前一交易日上漲 2.35%；深成指收於 10,370.99 點，較前一交易日上漲 2.05%。

－新華社記者 潘昱龍 攝

● 【潘清 - 《國家相冊》微紀錄片欄目《股市與時代》撰稿】

如何讓看起來相對枯燥的資本市場變得更有深度和溫度？

如何讓受眾與中國股市的起步、發展、輝煌產生共鳴？

多次溝通後，導演組和我都覺得這一作品應當立足於 "人"，立足於和中國股市經歷數十載風雨的股民和從業者。

聽倉庫保管員楊懷定講述懷揣兩萬元積蓄投身股市，成為中國最早職業股民 "楊百萬" 的傳奇；聽原萬國證券交易總監謝榮興描繪成為首批 "紅馬甲"，並在閣樓上創辦油印小報《股市大哥大》的經歷；聽普通股民回憶最早的上海股票認購證從沒人買到被瘋搶的故事……因為篇幅的限制，一些故事最終沒能以視頻的方式在作品中呈現，但仍成為其中最令人動容的細節。

第 5 篇

走，咱趕集去！

掃這裏看《鄺家相冊》視頻

講述人：陳小波　導演：郝方甲　撰稿：雙瑞、滕沐穎　後期統籌：曹曉麗

趕集

物質匱乏年代的狂歡

是改革開放

讓集市紅火起來

也是改革開放

讓集市逐漸褪去繁華

超市、網購、海淘，現代生活一日千里，購物也越來越隨心所欲。

但曾經，買東西要去集市——從中原小鎮到江南水鄉，從黃土高原到繁華城郊，從新疆的綠洲、草原，到西南邊陲的偏僻村寨，集市曾是最常見又最真實的生活場景。

中國人趕集的熱情由來已久。《易經》記載的"聚天下之貨，交易而退，各得其所"，說的就是最原始的物物交換。

集市交易的時間多則一天，少則幾個小時，人們按約定的時間從四面趕過來，所以叫——"趕"集。北方人"趕集"，嶺南人"趁墟"，傣族人"趕擺"，布依族人"趕表"，維吾爾族人"趕巴扎"……稱呼不同，相同的是集市上散不去的煙火氣。

莊稼漢幹活的工具，巧媳婦的柴米油鹽，姑娘的胭脂水粉花衣裳，小孩饞嘴的吃食和玩意……讓人目不暇接。鄉村集市裏的貨物，種類未必多，品質未必最好，但都外觀樸素、價格低廉，即便在物資匱乏的年代，也能滿足人們的需要。

　　1963 年的一天，四川省彭縣九尺鎮的集市，媽媽高小群帶著女兒桑其芬去趕集：買點鹽巴，扯幾尺布，還給她挑了一件小圍嘴。新華社記者路過，剛好拍下了這個畫面。

　　五十多年後，桑其芬回憶起小時候趕集的情景：平時放學回來就讓你做家務事，最喜歡的事就是出去趕場。三朋四友約著要一下，熱鬧一下。看看街上的新鮮事情啊，吃的穿的都感覺好稀奇。那時候，生活不寬裕，趕一次集全家能興奮很久。即便去了，也是看得多，買得少，兩分錢買 4 塊糖，姐弟三人一人一塊，剩下一塊也要分著吃。

　　桑其芬長大了，結婚時去集市上買了自行車和縫紉機。生活越來越好，但趕集一直是她生活的重要部分。

　　趕集，除了買賣交易，還有濃濃的人情味。

　　看一場大戲，見識見識新鮮玩意兒，學習國家的方針政策……集市像鄉鎮的客廳，讓十里八村的鄉親碰個頭、見一面。辛苦勞動了一週的人們，放下工作，收拾打扮，扶老攜幼，趕驢拉車，去熱鬧一場。

　　生在陝北農村的《國家相冊》欄目導演徐壯志回憶說："趕集要翻一座大山，小孩走一趟累得不行。去幹啥呢？去看汽車。我媽把我帶到鎮上，把我放到公路邊。她就去趕集去了，我就站在路邊看汽車，好半天才來一輛，一看就是一整天。"

　　趕集，這濃濃的人間煙火氣，滋養出人們熱乎乎的日子。

▲ 1957年9月，新疆喀什進城趕巴扎的人們。巴扎，是新疆的一種集市。每個縣城
每週有一天是固定的巴扎日。人們都在這一天的清晨，騎驢騎馬地到城裏來。

- 新華社記者 丁彬萱 攝

▲ 1950 年，貴州省凱里鎮集市。

· 新聞攝影局 盛繼潤 攝

▲ 1954 年 5 月，陝西省延安蟠龍鎮大
　街上的集市熱鬧非凡。
- 新華社記者　胡越　攝

▶ 1954 年 6 月，帕米爾高原斯馬
哈拉草地上的 "巴扎"，柯爾克
茲族牧民威馬克（右二）帶著山
羊和國營貿易公司流動小組進行
交換。一隻大山羊可以在國營貿
易公司換到花布 8 米、砍土鰻 1
個、苞穀 80 斤。

- 新華社記者 王平 攝

◀ 1961 年 1 月，河北省唐縣望都鎮的農村集市購銷活躍。

· 新華社稿

▲1961年1月，在河北省唐縣望都鎮的集市上，社員盧老祥（左）在出售他自種的大蒜。

－新華社記者　楚英　攝

▲ 1962 年 3 月，在雲南省德宏傣族景頗族自治州瑞麗縣集市上買鮮花的婦女。

- 新華社記者 陳正青 攝

▲1963 年秋季,四川省彭縣竹瓦公社天星大隊一生產隊的女社員高小群(右)
　在集市上給小寶寶桑其芬添置穿戴。

- 新華社記者　游雲谷　攝

▲ 1957年12月，山東省聊城政法部門在農村集市上進行政策法律宣傳。
- 新華社稿

畫家黃冑一生癡迷於"趕集"，他七次進疆採風，立志"到生活中起草稿"。維吾爾族有句民諺："巴扎（集市）上除了爸媽，什麼都能買到。"蹦跳的小毛驢，豔麗多汁的瓜果，沉甸甸的籃筐，衣角飄飛的人群⋯⋯黃冑用畫筆勾勒出一幅幅靈動的巴扎圖景，也勾起了人們對鄉村生活的記憶和嚮往。

▶1979 年 12 月 12 日，著名畫家黃冑在新疆喀什市伯什克然木公社的果園為果農寫生。

- 新華社記者 武純展 攝

◀ 1984 年 5 月，新疆莎車縣 75 歲的維吾爾族老人
孔尼馬孜‧艾拜都拉騎著毛驢去趕集。
-新華社記者 武純展 攝

改革開放，讓集市紅火起來；改革開
放，也讓集市逐漸褪去繁華⋯⋯

集市少了，趕集的人也少了，但仍有人
在趕集中尋找慰藉。年輕人大量外出打工，
空巢老人越來越多。平日孤獨的老人們盼望
趕集這一天，不僅可以買些生活用品，還能
聚在一起打打牌、說說話。

趕集，早成了他們一輩子的習慣。

▲ 2011 年 9 月，陝西省神木縣花石崖鎮，兩位老人坐轆車趕集。
新華社記者 黃孝邦 攝

◀ 2013年2月1日，農曆臘月二十一是河
　北省保定唐縣仁厚鎮大集的日子。春節臨
　近，老百姓紛紛走出家門購置年貨，喜迎
　佳節。
　- 新華社稿　朱旭東　攝

◀ 2009年1月6日，寧夏回族自治區賀蘭
　縣集市。當地政府依託"萬村千鄉"市場
　工程，加快完善農產品流通網絡，使農村
　消費市場日漸升溫，傳統的集市也成為農
　民消費新的增長點。
　- 新華社記者　王鵬　攝

▲ 2015 年 2 月，在湖北省恩施土家族苗族自治州的慶陽古街上，
　一個小孩被家長扛在肩上趕集。
- 新華社稿　宋文　攝

▲ 2015 年 2 月 15 日，當日是臘月二十七，民謠稱："臘月二十七，宰年雞、趕大
　集。" 在這一天，遼寧省瀋陽蒲河鄉村集市迎來置辦年貨的人潮，趕集的人們在集
　市上購買過年所需的肉類、蔬菜、水果、春聯等物品，到處是紅紅火火的景象。
- 新華社記者 潘昱龍 攝

◀ 2012 年 1 月 18 日，陝西省安康紫陽縣集市，來自周邊的群眾聚集在集市上置辦
　年貨，為即將來臨的春節做準備。
- 新華社記者 劉瀟 攝

●【李柯勇 -《國家相冊》微紀錄片欄目監制】

趕集，已經是多麼遙遠的一件事了。上一次趕集，應該是十幾年前的事了吧？小時候，集市上的一切都那麼新鮮。後來，跟城裏的商場比，集上賣的東西就顯得不太有檔次了。再後來，很多集市撤銷了。如今大批生長於城市的娃們，怕是都不知趕集為何物了吧？

40 年來，集市興也改革開放，敗也改革開放，轉頭換面亦改革開放。潮起潮落間，老了一代人。

這就是最好的改革開放故事。

●【郝方甲 -《國家相冊》微紀錄片欄目導演】

《趕集》這一集，由團隊中唯一沒有趕過集的我導演完成。用壯志導演的話說，越是沒吃過豬肉的人，越能讓豬跑得歡。

從前以為趕集就是去市場上買東西，這次才了解集市的社交功能。腳本裏有一句話：集市是鄉鎮的客廳，很是形象。累了一週的人，去熱鬧一場，去笑一回，去打聽打聽親朋好友都過得好不好。

那，未來的人回顧我們這個時代時，會選出怎樣的關鍵詞呢？現在哪些生活方式，會在不久的將來消失呢？又是被什麼取代了呢？

第 6 篇

白菜的味道

掃這裏看《國家相冊》視頻

講述人：陳小波　導演：郝方甲　撰稿：李萌　後期統籌：曹曉麗

白菜

被稱為 "百菜之王"

曾經被當作國禮

更是北方冬天的 "當家菜"

日子好了

冬儲變成了日鮮

但平實溫潤的大白菜

就像老百姓的日子

咂摸著

總是甘甜的味道

　　大白菜你一定吃過。但你知道白菜曾是國禮嗎？1949 年 12
月，毛澤東訪問蘇聯。這是新中國成立後的第一次外交出訪，他
帶去的禮物就包括：五千斤山東大白菜。毛澤東在電報中這樣寫
道："斯大林同志七十大壽，中央決定送山東出產的大黃芽白菜、
大蘿蔔、大蔥、大梨子作壽禮。請你們三日內購買每樣五千斤。
請注意選擇最好的。萬萬火急。"

　　大白菜是中國的特產，更是北方冬天的 "當家菜"，一入冬，
家家戶戶都得存上幾百斤。北方冬天，白菜是一道風景。樓房牆
根下，平房小院裏，到處是碼得整整齊齊的菜垛。
　　天冷了，就給菜蓋上被子；太陽出來了，就把菜一棵棵攤開，
晾晾濕氣。只有把白菜照顧妥帖了，一家人的冬菜才有了著落。

　　菜幫子醋溜，菜葉煮麵，菜心涼拌，再挑一些醃起來……一種菜，可以連吃幾個月不重樣。白菜隨和，豐儉由人，日子再艱苦，也能吃得有滋有味。

　　北京市三井社區黨委書記郭淑靜是老北京人，她回憶說：過去北京基本一冬天全是白菜，到 4 月才有菠菜、圓白菜等其他的菜陸續上來。有時剛開春，有的人家白菜就吃完了，白菜多的鄰居就會說：“給您一棵，我們家還有呢。”這鄰里間的親情特別可貴。

　　計劃經濟年代，大白菜被列為“國家二類物資”，統一收購銷售。保障老百姓冬天有白菜吃，是最重要的民生任務之一。

　　每年 11 月，要在十幾天時間裏完成白菜收割到上市，數萬人投入，猶如一場全社會分工協作的“戰役”。交通、公安、環衛等各部門都要為大白菜服務，氣象部門甚至會專門提醒給菜保暖。

　　北京市曾成立專門的“秋菜指揮部”，俗稱“白菜辦”，任務是確保北京 400 萬人“每人每天一斤大白菜”。

　　孫毓樓是當年秋菜指揮部核心成員之一，他回憶起當年的場景：冬仨月就按 100 天算，一個人 100 斤，就是 4 億斤白菜，全市菜店 1,100 個，這個工作量就那麼十幾天完成，整個就是打一個戰役啊！

　　買白菜也是大事，很多單位都有不成文的“白菜假”。白菜一上市，千家萬戶齊出動，常常是天剛蒙蒙亮，銷售點前就排起了長隊，大街小巷都是運白菜的人們。

▶1954年12月，北京市小
紅門鄉劉長齡生產合作社的
社員正在儲藏窰裏整理大
白菜。
-新華社記者 毛松友 攝

▶1954年，河北省滿城縣
二區要莊鄉女社員收割大
白菜。
-新華社稿 袁浩、劉明 攝

◀ 1957 年 9 月，黑龍江省望奎縣靈山鄉腰三
　 社社員種的大白菜獲得豐收。
- 新華社稿

▶ 1958 年 12 月，河北省寧河縣五一人民公社皂
　甸生產隊食堂的炊事員們給社員們準備了大量
　過冬白菜。

- 新華社記者　盛果　攝

▲1959年秋，首都機關、廠礦、學校、部隊、街道等抽調大批人
　力，幫助農民搶收大白菜。

新華社記者　楚英　攝

▲1959 年 10 月，山西省大同市秋菜豐收。這是一位婦女在醃白菜。

- 新華社稿

▲ 1961 年 11 月，北京市崇文區夕照寺居民韓子奇帶著孫女儲存白菜。他在院內挖
掘了一個 2.5 尺深、3 尺寬、7 尺長的條窖，可儲存大白菜 400 斤。

- 新華社稿

▲ 1960 年 12 月，山西省交城縣東風人民公社磁窯管理區食堂的炊事員們自己動

手，為社員製作了醬、醋、什錦菜、老鹹菜等 12 種副食品，保證社員冬季有菜吃。

- 新華社記者　張瑞華　攝

▲ 1961 年 1 月，甘肅省寧縣九嶺人民公社社員在食堂吃飯。

- 新華社記者　敏鐘傑　攝

▲ 1964 年 1 月，一對老夫婦在北京著名的羊肉館東來順吃涮羊
　 肉。北京的涮羊肉是距今三百多年前從中國西北草原傳入的一種
　 名吃。涮羊肉的輔料主要有大白菜、粉條等。

- 新華社記者　黃景達　攝

▲ 1945 年，著名畫家齊白石與家人。

- 新華社稿

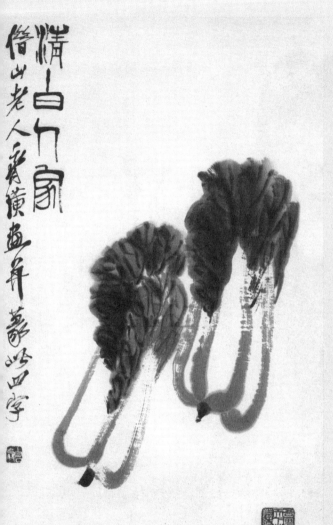

齊白石老人愛畫白菜，因為菜葉青菜幫白，有“清白”之意，更感恩白菜在困難年代的撫慰，寫下“充肚者當半年糧，得志者勿忘其香”。每年冬天，白菜運到家，老人都會畫一幅白菜送給送菜工當作禮物，一時傳為佳話。

◄齊白石作品《清白人家》

▲ 1959 年 11 月，全國馳名的山東省膠縣大白菜獲得豐收。
- 新華社稿　孟憲基　攝

▶ 1959 年 11 月 20 日，北京市東城區利用各種交通工具運
　輸大白菜。
- 新華社稿

▲ 1988 年 11 月 1 日，一位北京大娘用童車把買到的白菜運回家。據北
　京市蔬菜公司介紹，當天上市的大白菜估計有 300 萬到 350 萬公斤。
- 新華社記者　唐師曾　攝

▲ 1988 年 11 月，北京千家萬戶齊出動，買菜、晾菜、儲菜，繁忙
而有致。

－ 新華社記者　李明放　攝

1978 年改革開放，中國迎來了市場經濟的浪潮。雖然大白菜銷售點仍然排著長長的隊伍，但變化開始悄然發生。南方的蔬菜頂著嚴寒擠上了北方的飯桌，大白菜 "一統江湖" 的日子成為笑談。

1989 年，白菜大豐收，在北京卻出現滯銷，政府不得不動員大家買 "愛國菜"。電視、報紙、廣播裏，鋪天蓋地都在宣傳推銷白菜。

1991 年，憑副食證、排大隊才能買到的 "百菜之王"，改為 "敞開銷售、自由選購、自願儲存"。菜架上，白菜從 "唯一" 變成 "之一"，成為斑斕中最不起眼的 "一抹白"。

但白菜的溫潤甘甜，永遠留在了時代的味蕾上。這味道最平常，也最珍貴。

▲ 2011 年 7 月，甘肅 "高原夏菜" 上市。
- 新華社記者 朱國亮 攝

▼ 2012 年 3 月，江蘇省南通市一菜市場。
- 新華社稿 崔根元 攝

▼ 2017 年 8 月 25 日，喀斯特地貌生態蔬菜品種多樣性與園藝技術輻射示範展示會在雲南省文山壯族苗族自治州硯山縣舉行，來自各地農業大學、農科研究機構、涉農企業代表五百餘人參加會議並實地觀摩硯山國家現代農業示範園區展示的 500 個蔬菜品種及兩百多畝喀斯特地貌露天原生態無害化蔬菜示範種植區。

新華社記者　陳海寧　攝

● 【郝方甲 - 《國家相冊》微紀錄片欄目導演】

大白菜，是我們系列的一集。不少人問：這麼大的題，這麼土的菜，怎麼掛上鉤的？

其實，最早是我們的總編輯何平提出：《國家相冊》能不能做一集大白菜？

啥？白菜？

第二天，小波老師像風一樣衝到我身邊：方甲！你都不知道大白菜的照片有多好！

打開一看，真的好極了。種白菜、運白菜、買白菜、吃白菜……那些場景如此熟悉，似乎就在昨天，但彷彿又離現在有一個世紀那麼遙遠。

白菜是北方冬天的"當家菜"，是餐桌上僅有的青菜，因其不可替代，被國家當作戰略物資來保障，把白菜安排妥帖，是最重要的民生任務。後來，餐桌豐富了，白菜從"唯一"變成"之一"，悄悄成了斑斕中不起眼的"一抹白"。

這就是最好的改革開放故事。白菜不只是菜，有溫度，更有時代。

● 【陳小波 - 《國家相冊》微紀錄片欄目講述人】

兩週前，領導提出《國家相冊》做一期白菜專輯，我心裏還嘀咕：題材是不是太小了一點？

可我一去看檔案館照片，嚇著我了！關於白菜的照片之多之精彩，就是做十期大白菜也用不完啊！從 50 年代初開始，每個時代，都有新華社記者在各個角落拍白菜。白菜與老百姓的命運如此休戚相關！沒有白菜，不知北方人怎麼過冬；沒有白菜，中國人吃的歷史要坍塌一大塊……國際部薇薇送給我們那麼意外的開頭：1949 年 12 月開國第一次領袖出訪，國禮中居然有 5,000 斤山東大白菜！

北京分社幾員大將出動採寫，導演方甲數度打磨，幾位領導坐鎮修改，後期曉麗又是兩個不眠之夜。

《白菜的味道》播出後，留言如潮，轉發如潮。小小白菜帶很多人回到不會再來的歷史中，寒酸的日子、溫暖的情感不言而喻。希望那種日子不要再來，而那種情感能夠永存。

●【郭淑靜 北京三井社區黨委書記　張履端 北京三井社區居民】

"一到賣白菜的時候就堵車。"

我記得我小時候，一到賣白菜的時候就堵車，堵得特別厲害，家家戶戶都得買白菜去。大人們先是一車一車把白菜拉回來，然後再從車上往院裏倒。一到冬天，院裏被子下面蓋著的都是白菜。後來菜供應充足了，買白菜就不那麼難了，但是冬儲大白菜還是北京的一景。

●【孫毓樓 前北京市蔬菜公司黨委書記】

"天天和打仗一樣，老提心吊膽，哪出問題都是大事兒。"

大白菜一上市，我就沒有兩點前能睡覺的。白天有各種涉及農商和菜價的具體問題，到夜裏是處理問題的高峰，還需要檢查市場：看看市場還堆著多少菜，有什麼安全問題，每天夜裏都得轉一次。天天真和打仗一樣，而且老提心吊膽，不管是交通問題、菜的質量、農商矛盾，哪出問題都是大事兒。

第 7 篇

從「頭」美起來

扫描观看《国家相册》视频

讲述人：陈小波　导演：郝方甲　撰稿：高蕾・吴霞　后期统筹：胡玥聪

改變

從 "頭" 開始

從 "不敢美" 到 "想要美"

從 "沒錢美" 到 "不會美"

再到 "各美其美"

髮梢上的變化

為時代留下了一個個鮮活的註腳

你剪過時髦髮型嗎？

1990 年，中國禮儀志願者梳著 "倒月牙形" 的髮式亮相北京亞運會，掀起了一股時尚潮流。

設計 "倒月牙形" 髮式的是北京四聯美髮廳，那時每天都有二三十個姑娘跑來，點名要理這種 "禮儀頭"。

四聯是北京的店，但師傅卻是上海的。共和國成立初期，百廢待興，中央要求上海的服務業支援北京建設，1956 年 6 月，在上海頗有名氣的紫羅蘭、華新、雲裳、湘銘四家理髮店進京，聯合成立 "四聯理髮店"。

鄧小平在北京西單電報大樓接見了從上海舉家來到北京的理髮師傅們。他送給吳永亮師傅一本蘇聯的髮型書，說："你們要好好學習啊，把中國女同志打扮美麗是你們的光榮任務。"

很長一段時間以來，人們的髮型千篇一律，女性不是齊耳短髮，就是編著麻花辮，男性的髮型更是乏善可陳。

陸恩淳，1957 年作為中國體操隊隊長去莫斯科參加第三屆國際青年友誼運動會。臨行前，他花了 8 塊錢 "巨款" 在四聯燙了個頭。說起這段經歷，陸恩淳至今記憶猶新：

我第一次出國是 1955 年，去波蘭華沙參加國際比賽。到那裏第一次看了白人、黑人……各種各樣的人，人家看我們也很新鮮。有的外國人看見我們的女孩子，就過來撩裙子看是不是小腳，看男孩子都看後腦勺是不是梳著小辮兒。我們當時很氣憤，怎麼能這樣看我們中國！

1957 年，中國體操隊準備去蘇聯參加國際比賽。當時沒有錢買西服，是從國家體委倉庫裏借的，回來還要還。頭髮嘛，就自己花錢去理理髮。我聽說四聯從上海搬到北京，在王府井金魚胡同，就想，我們去比賽，也得打扮打扮，讓外國人看看中國運動員的精神面貌——中國人再不是梳著小辮兒裹小腳的人了。去燙個髮！

那時，燙髮是個奢侈項目，燙一次髮花 8 塊錢，對一般老百姓來說，相當高了，一個月工資才三四十塊。我那時候掙 88 塊錢，一狠心，拿出 8 塊錢來燙髮吧。到那兒之後，一個老師傅讓我坐好，拿出一個火鉗來，在爐子裏烤熱、燙紅，往頭髮上一捲，滋啦！一冒煙，我就聞見燒糊了的頭髮味兒了。當時嚇得我一哆嗦，人家說沒關係，燙不著你。

在中國，50 年代初期，一般男同志梳分頭，女同志梳辮子。對我們來說，新中國成立前都是小姐、舞女才燙髮呢。新中國成立後，人們生活水平提高了，外事活動也有了，打算美一點吧，女孩子也有燙髮的，但是男孩子燙髮的還真是很少。

80 年代初，改革開放的春風吹動了老百姓的髮梢，過去 "不敢美"、"沒錢美" 的問題解決了。似乎一夜之間，人們都鉚足了勁，拚了命要美起來。新華社記者的鏡頭記錄了一個 "全民燙頭" 的年代：

1982 年的上海南京理髮店，平均每天要燙二百五十多個頭，最多的一天，燙了 400 個；

工具有限，那就因地制宜，拉薩的美髮師想出了高壓鍋燙頭的妙招：一個短短的管子，一頭是咮咮作響的高壓鍋，一頭是頭髮；

山東膠縣李戈莊鄉的一家理髮店，僅在 1984 年一年，燙髮超過 1 萬人次。

80 年代，電影《廬山戀》的女主角張瑜紅遍大江南北，但她在之後的電影《小街》中以短髮放亮相時，引起了巨大的爭議。

給張瑜剪短髮的，是當時上海南京理髮店特級理髮師張學明。他回憶說：

> 剛開始，劇組提議用假頭髮做，但又不夠真實。後來讓我跟張瑜溝通一下。我說：“張瑜，我給你把頭髮剪掉，可以吧？”她說：“沒問題，你要剃光頭都沒問題！”
>
> 我心裏有數了，就開始剪了。一剪刀下去，長頭髮剪掉了。導演講：“喲，膽子這麼大！”
>
> 這時，化妝師跳出來了：“你這樣怎麼行啊！張瑜以後不能出門怎麼辦啊！”我說：“你放心好了。不用三分鐘，我讓張瑜亮相給你看。”
>
> 結果張瑜的髮型很有氣質，很有朝氣。他們說：“哎喲，了不起了不起！沒想到！”本來南京理髮店八年虧損了二十幾萬，“張瑜式”髮型一出來，全國各地的人都來上海學習“張瑜式”髮型，一年不到，全部虧損就回來了。

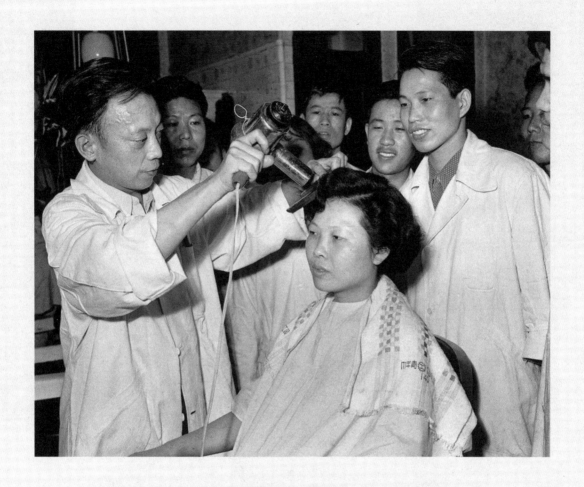

◀ 1990 年 9 月 22 日,北京工人體育場第十一屆亞運會開幕
　式上,走在前面舉牌的禮儀小姐梳的就是 "倒月牙形" 的
　髮式。
- 新華社記者 官天一 攝

▲ 1956 年 6 月,天津和平區幾位技藝較高的理髮師在交流
　吹髮技藝。
- 新華社稿

◀ 1950 年 3 月 7 日,北京市婦女棉織廠女工抱著準備銷售
　的大批襪子。當時女性的髮型以短髮和辮子為主。
- 新聞攝影局 王純德 攝

◀ 1959 年春節，北京郊區南苑工作站的女社員
　在文化館演出小合唱，她們都梳著兩條長辮子。

- 新華社稿

◀ 1964 年 9 月，湖北省洪湖縣楊咀
公社 "三八" 養殖場的女社員採
蓮摘菱歸來。

- 新華社記者 劉心寧 攝

▶ 1955 年 11 月，體操運動員陸恩淳在北京參加全國體操測驗。1957 年，陸恩淳作為中國體操隊隊長去莫斯科參加第三屆國際青年友誼運動會前，為體現新面貌，他專門花 8 元錢燙了頭。

- 新華社記者 劉東鰲 攝

1988 年 4 月，在西藏拉薩一家髮廊，由於條件有限，美髮師利用高壓鍋產生的蒸汽為顧客燙頭髮。那是一個 "全民燙頭" 的年代，人們都鉚足了勁要美起來，條件有限，就因地制宜。
新華社記者 姜恩宇 攝

▲ 1984 年 8 月，山東省膠縣李戈莊鄉的幾個姑娘在專業戶理髮店裏欣賞上海等地的
　時興髮式。三年前，全鄉燙髮的不到 5 人，近一年來，燙髮的達 1 萬人次。
- 新華社記者　李錦　攝

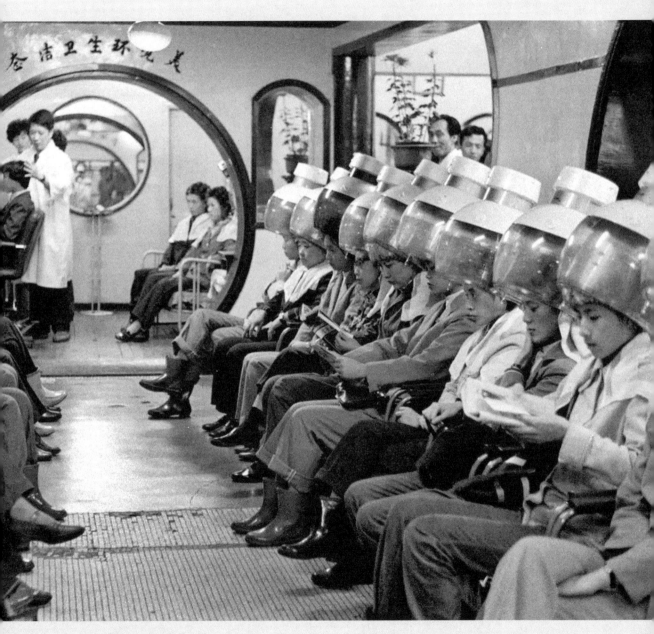

▲ 1982 年 1 月，上海最大的理髮店——南京理髮店平均每天接待二百五十多名顧客
　 燙髮，星期天增加到 350 至 400 名。

- 新華社記者　夏道陵　攝

▲ 1991年國慶前夕，北京婦女紛紛燙髮美容準備過
節。位於宣武門的一家髮廊聘請了港澳髮型師，每
天有數百名婦女慕名而至，髮型師不得不在店外露
天給顧客美髮。
—新華社記者 唐師曾 攝

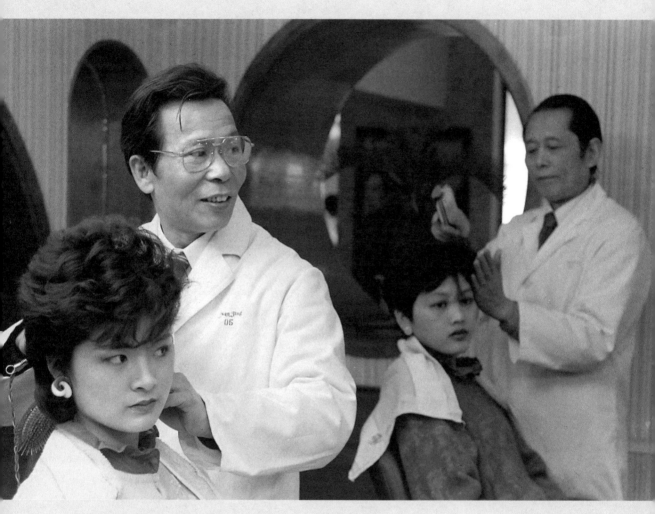

▲ 1987 年 6 月 23 日，61 歲的張學明（左二）是上海市南京美髮店特級理髮師，

　 這是他正在為顧客做 "張瑜式" 髮型。

- 新華社記者　柳中央　攝

▲ 1978 年，上海南京理髮店邀請已經退休的著名女式理髮技師劉瑞卿回店當顧問，
　指導青年理髮員。

- 新華社記者　夏道陵　攝

▼1988 年 4 月 10 日，中國服裝研究設計中心和中國服裝雜誌社在北京舉行服裝流行趨勢發布會，推出 1988－1989 年秋冬季流行款式，模特兒着各式各樣的流行髮型展示服裝。

新華社記者 蘇紀明 攝

想美但不會美，怎麼辦？"摩登之都" 上海成了全國時尚的風向標。一些美髮廳推出諮詢服務，專門給各地來信諮詢的愛美人士回信。

80 年代末，上海、北京更定期發佈 "官方認證" 的流行款。這些髮型往往一經推出，就席捲大江南北，可謂是 "一聲招呼，千人一頭"。

為了學習新技術、與 "世界流行" 對標，中國還邀請國外髮型師來授課交流。

現在看，那時有些髮型難免浮誇，也未必適合東方人，但這種求美、求變的努力，恰恰展現出開放的爆發力。改變，從 "頭" 開始，小小髮型背後的浩蕩潮流，不容小看。

據統計，改革開放前，全國約有 1 萬家理髮店。而截至 2016 年年底，全國美容美髮店已超過 18 萬家，中國人每年花在頭髮上的錢超過 1,300 億元。

如今，美髮已經成為居民日常消費項目，某種髮型 "一統江湖" 的情景一去不返，"百花齊放" 成為流行主題，中國美也在逐漸走向世界。

是鼓起來的錢包、日益成熟自信的審美，讓人們對美的追求越來越有底氣。髮梢上的變化，為時代留下了一個個鮮活的註腳。

◀ 2016 年 10 月 25 日，時裝設計師張
志峰的時裝發佈會上，模特們既展示
服裝又展示髮型。

-新華社記者　陳建力　攝

▲ 2010 年 12 月，一名髮型師為模
　特製作創意花卉髮型。
　- 新華社稿　吳景騰　攝

▲ 2011 年 10 月，一名髮型師在為
　禮儀小姐梳妝。
· 新華社記者 李明 攝

編者
講述

● 【高蕾 - 《國家相冊》微紀錄片欄目《從 "頭" 美起來》撰稿 】

　　對於中國人來説，梳什麼樣的髮型在很長一段時間關乎禮儀，不容絲毫馬虎。到了現代社會，髮型仍然是很多人追求美麗路上的 "頭等大事"。這一期《國家相冊》欄目，我們選擇講老百姓髮梢上的故事，希望用這個小切口，展現改革開放 40 年來百姓生活的大變化。

　　通過查閱資料，我們發現更多關於髮型的逸事：出國前花 8 塊錢 "巨款" 燙頭想以此 "揚我國威" 的第一代體操運動員、用高壓鍋燙頭的拉薩青年、敢一刀剪了 "女神" 張瑜（電影《廬山戀》女主角）長髮的上海 "理髮博士"……從老百姓 "不敢美" 到 "想要美"，從 "沒錢美" 到 "不會美" 再到 "各美其美" 的變化過程中，我們看到了浩浩蕩蕩的時代潮流，更看到了改革開放 40 年來人們獲得感的切實提升。

　　短短 6 分鐘的短片，當然無法將那些曾經 "一統江湖" 的髮型全部涵蓋，但我們希望，通過展現髮梢上小小的變化，能描繪出中國人那一股子 "精氣神"。因為我們知道，人們對百變髮型的追求之中折射出的是對美好生活始終不變的追求和想象。

第 8 篇

那年流行色

掃這裏看《國家相冊》視頻

講述人：陳小波　導演：郝方甲　撰稿：王自宸、吳霞、楊青　後期統籌：曹曉麗

衣衫是個人的回憶

更是時代的風貌

在曾經藍、灰、黑一統天下的年代

穿件花布衣裳就是時尚了

直到改革開放的春風

把街頭吹得五彩斑斕

今年流行穿什麼？你趕過時髦嗎？

裙子長了又短，短了又長；褲子寬了又窄，窄了又寬：潮流一直在變，不變的是愛美的心。

在長達幾十年裏，藍、灰、黑是中國服飾的主流顏色，女孩子穿件花布衣裳就是時尚了。

服裝款式更是千人一面。再愛美的姑娘，也只敢在細節上小小地花些心思，多掐一點腰身，多繫一條紗巾，就夠興奮好一陣子了。

那個年代的時尚心理就是，想和別人不同，但又怕和別人太不同。

"布拉吉"是五六十年代的經典款式，就是俄語"連衣裙"的意思，是從蘇聯電影裏學來的樣子。"布拉吉"合體的腰身、飛揚的裙襬，點亮了一個時代。

新三年，舊三年，縫縫補補又三年。一塊布料拆拆改改，曾是媽媽的上衣、姐姐的小褂、弟弟的書包、妹妹的套袖，最後成為爸爸褲子上的一塊補丁。

尚不算富裕的中國人，還發明了一些"臭美"的小訣竅。

當時流行"假領子"，其實就是小半截襯衣。如果買不起高檔襯衣，這個穿在外衣裏面能以假亂真。70年代，是上海人引領了"假領子"熱潮。零布料不需要布票，人們就到商場裏買零料，回來自己做，一做就做好幾個，每天換一個。不明就裏的人說：哎，你們上海人怎麼每天都換一件襯衫？

不過，天再熱，穿"假領子"的人也不能脫外衣，否則就露餡啦！

▲ 20 世紀 50 年代末，哈爾濱亞麻紡織廠的女工們穿上了女經理吳桂蘭（右一）帶來的十多種樣式的 "布拉吉"。

‧ 新華社記者　胡偉　攝

▲ 1957 年 3 月，天津市縫紉供銷社的職工研究出用舊大褂改製 "布拉吉" 連衣裙，牆上掛著的
 "布拉吉" 就是用舊大褂改製的。

- 新華社記者 梁一丁 攝

▲ 1951 年 3 月 5 日，參加北京市婦女先進生產者座談會的先進女工在簽名簿上簽
　名，她們穿著相同的大衣和外套。
- 新聞攝影局　鄭小箴　攝

▲ 1951 年 10 月 14 日，中央人民政府在北京舉行歡迎中國人民解放
軍、中國人民志願軍戰鬥英雄代表大會。圖為參加大會的機關幹部。
新聞攝影局　劉慶瑞　攝

▲ 1953 年 8 月 23 日，消費者在天津百貨公司和平路門
　市部選購花布製成的襯衫。

- 新華社稿

▲ 1955 年 3 月，身著相似服裝的山東省莒縣愛國農業生
　 產合作社女社員們在選棉花種。

－新華社記者　陳之平　攝

▲1961 年 4 月，河南省偃師縣翟鎮人民公社寇圪壋大隊第一小
　隊，被社員們稱為"九朵紅花"的九姐妹。
- 新華社記者　唐茂林　攝

◀1956 年 4 月 25 日，天津市婦女兒童用品商店開張。這是顧客
　在參觀新式時裝。
- 新華社記者　張映華　攝

◀1964 年 3 月 8 日，北京市舉行 "三八" 杯女子長跑接力比賽。432 名
女性體育愛好者參加了比賽。

新華社記者 黃景達 攝

隨著 1978 年改革開放的號角吹響，日子好了，人們漸漸有了趕時髦的心情和能力。國外各種新奇款式陸續傳入中國，越來越多的年輕人樂於通過誇張的服飾展示個性。

穿條褲子也會被圍追堵截？這不是玩笑，而是真實發生在 20 世紀 80 年代。

1980 年 4 月 26 日，在報紙刊載了一篇題為《不能眼看這些青年墮落下去》的文章，痛批穿喇叭褲、戴蛤蟆鏡的時髦青年。

有的地方甚至組織"糾察隊"，把守交通要道，見到穿著喇叭褲的，上去就剪。

還有牛仔褲、健美褲、高墊肩、超短裙……這些款式最初亮相時，都曾被認為是"奇裝異服"，引起很大爭議。

但有趣的是，反時髦的聲音越大，時髦的身影越多。

1991 年，新華社記者張小龍在大連商業街上抓拍了一幅照片，畫面中女孩的回眸一笑和超短裙都令人印象深刻。張小龍認為，沒有誰，能比女孩們更能呈現出改革開放後，中國女性衝破保守、擁抱時尚的勇氣和決心了。

褲腳的大小與道德的好壞無關，這個道理人們很快就想通了。開放帶來多元，而多元帶來了包容，隨著服裝的變化，中國的面貌也越來越開放自信。

現在，世界各地的時尚裝扮，幾乎"零時差"出現在中國，出現在我們身邊。

潮流循環往復，幾十年前風靡世界的裝扮，也許又成了今天的爆款，只有對美的嚮往從不過時、永不疲倦。

▲ 1991 年 8 月，大連街頭一位身著超短裙的時髦女青年。裙子長了又短，短了又
　 長，褲子寬了又窄，窄了又寬，潮流一直在變，不變的是愛美的心。

- 新華社記者　張小龍　攝

▼ 2017 年 4 月 23 日，福建省廈門市環島路觀音山海
灘舉行新品發佈會，展示冬季時裝。
- 新華社記者 陳建力 攝

▲ 2017 年 11 月 20 日，在上海梅賽德斯奔馳文化中心，中國模特劉雯在後台梳妝。當晚，2017 "維多利亞的秘密" 時尚大秀將在上海梅賽德斯奔馳文化中心拉開帷幕。
- 新華社記者　丁汀　攝

▶ 2016 年 4 月 11 日，正在舉行的 2016 秋冬上海時裝週發佈會，引來各路時尚達人，他們秀場裏看模特走秀，秀場外也不忘秀一把自己。
- 新華社記者　任瓏　攝

編者講述

● 【陳小波 - 《國家相冊》微紀錄片欄目講述人】

作為圖片遴選者，找照片的過程神聖而瑣碎。我得以和老攝影家及他們的經典作品再次相遇；但要找出合適的照片，我每週都要在新華社的中國照片檔案館出出進進，"翻箱倒櫃"。

作為講述人，在小小的昏暗的錄音室讀撰稿者寫的文字，我有時會難過得唸不下去，多次掉眼淚。而這一集《那年流行色》，我居然笑得唸不下去。

這一集，講的是幾十年裏中國服裝的變遷。我唸的時候，外婆、媽媽、姨媽、姑媽、大姐二姐妹妹以及我自己和小學、中學、大學女同學的影子一直在我眼前晃動。想著我們小時候一年只有一兩件衣服穿的景況，感慨不已……

● 【郝方甲 - 《國家相冊》微紀錄片欄目導演】

改革開放之於中國面貌變化的另一重影響，是斑斕了街頭。

雖然沒有親歷過"藍灰黑"的年代，但父輩的故事聽了不下一打。想和別人不同，又怕和別人太不同，想美又不敢太美，想"嘚瑟"又囊中羞澀，是那個年代特有的時尚心理。

常說"新三年，舊三年，縫縫補補又三年"。縫補什麼？除了破洞，更多是在拆改，舊物利用，這是那個年代巧婦的必備技能，媽媽們永遠伏在縫紉機前"咯噔咯噔"踩著踏板，手裏布頭翻飛。

修改腳本時，突然想起了兒子的繪本《爺爺一定有辦法》：隨著布料變舊，孩子最愛的毯子在爺爺手中變成了外套、襯衣、手帕、扣子……於是寫下"一塊布料，是媽媽的外衣、姐姐的小褂、弟弟的書包、妹妹的套袖，最後變成爸爸褲子上的一塊補丁"。

小時候，媽媽為了打扮我，和女伴們常相約著逛街買布料，還有不知從什麼渠道弄到的日本裁縫雜誌，比著上面的新奇樣式做衣服。一邊做，一邊試，她們往我身上披掛一塊又一塊畫滿了粉筆道的布片，幾天就能做出一身獨一無二的衣服來。穿出門去，總被人問：這衣服哪買的？還有人買了布料送來，拜託媽媽幫他們做同款。

這樣打扮的熱情，等到了買成衣穿的年代，反而就沒有了。大概因為做衣服不僅是生活需要，更是一種手工遊戲。"手巧"帶來的成就感，後來的衣服再貴，都無法替代。

第 9 篇

農村的買賣

掃這裏看《國家相冊》視頻

講述人：陳小波　導演：徐壯志　撰稿：范世輝、曹曉麗　後期統籌：曹曉麗

你是否知道

雞蛋這種常見食品

曾經被當作 "貨幣" 使用？

你是否能夠想象

幾億人的中國農村

在長達幾十年裏，買和賣只靠一個商家？

你是否聽過

早在五六十年前，中國農民就體驗過居家購物？

雞蛋，生活中最常見的食品。但在從前，它曾是珍貴的營養品。只有家裏來了客人，或者有人生了病，產婦坐月子，主婦才捨得給碗裏加個雞蛋。這樣的記憶，許多上年紀的人都有。

而雞蛋當錢用的故事，你聽說過嗎？

人們手裏沒錢，就養幾隻雞，需要什麼東西就拿雞蛋換。針頭線腦、油鹽醬醋，都用雞蛋換。趙喜英曾是河北省沙河縣禪房供銷社的女售貨員。她工作時，正趕上困難時期，農戶家裏最有交易價值的，就是雞蛋了。一個雞蛋 5 分錢，兩個雞蛋可以換一本孩子愛看的小人書，四十多個雞蛋就可以從趙喜英手中換一塊布，夠做一件衣服了。

面對唯一能取出錢來的 "雞屁股銀行"，主婦們望眼欲穿，每天都要把自家母雞的屁股摸一遍，看看有哪隻當天會下蛋。

攢夠了雞蛋，她們就開始盼著趙喜英到村裏送貨的日子。趙喜英還記得，"去哪個村送貨，中午吃飯都是吃派飯（註：分配到老鄉家裏吃飯）。70 年代，在單位食堂裏都吃玉米麵，可一到村裏，老鄉們都給你擀麵條，還給炒個雞蛋。"

生活那麼困難，雞蛋那麼珍貴，為什麼農民捨得給趙喜英吃？因為那時，在地處太行山深處的禪房鄉，村民們買東西實在太困難了。全鄉 73 個村莊，農民出門買東西要走幾十里崎嶇山路，背 100 斤柿子出去，也換不回幾斤鹽來。

山裏的人太苦了，老百姓都想著多幹點活，多種點地，多收點糧食，山裏交通不方便，出來得也少。我們作為全國先進供銷社，與其他供銷社不一樣的地方，就是把老百姓需要的貨物送到家門口，送到他們手裏面。

我挑過最重的東西，一頭是糖鹽，一頭是生產工具。幾十斤的糖鹽，一般都是男的挑。那次我想試試，結果把肩膀磨掉了一層皮。從那次以後，再重的活也不怕，也能擔起來。

有一次我們送貨路上遇到劈山，為了躲，把貨撒得哪兒都是，最後石頭還是打到頭上了。路就是一個排車那麼寬，只能過一個人，擔子一甩就全倒了，擔心東西壞了，老主任又是安慰又是幫忙收拾。

山路上有蛇，碰見了就躲著走。我們晚上往村裏送化肥的時候還在山上見過狼，之前聽說有人被狼舔了，半張臉都沒有了，心頭害怕得緊。

原來供銷社的商品統一定價，價格也不高，人和人之間感覺很親熱，農民跟供銷社關係很好。

趙喜英在供銷社工作了 12 年。

今天的人可能難以想象，幾億人的中國農村，在長達幾十年中，買和賣全靠供銷社這麼一個"商家"。

　　主婦當家的油鹽醬醋，孩子愛吃的糖果瓜子，農民種地用的鋤頭斧頭……在今天的人看來，供銷社的商品種類十分有限，但那時，它卻是農民唯一的 "購物天堂"。

　　商品匱乏時期，許多東西都要憑票購買，限量供應。誰家辦喜事，要早早跟售貨員打招呼，請他們幫助備貨。有時讓買一條煙，就是格外的優待。

　　等著買東西的人太多，售貨員常要臨時把門關上，賣完一批後再開門接待下一批顧客。

　　有一次，一個人排隊買米，卻發現自己忘了帶盛米的口袋。如果回家拿口袋，再回來肯定買不到了。他急得抓耳撓腮，死活佔著櫃台不肯走。後來，售貨員急中生智，讓他脫下褲子，綁住褲腳，用褲筒來當 "口袋" 裝米，才解了圍。

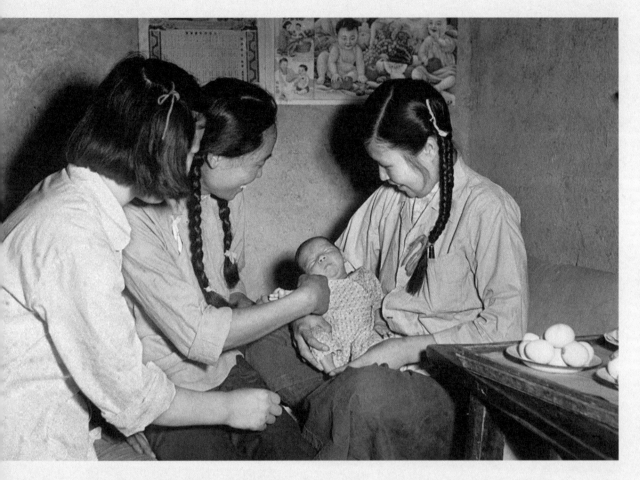

▲ 1956 年 7 月 1 日，河南省孟縣五六一農業生產合作社社員陳淑珍（右一）的第一個孩子出生了。婦聯主任楊執清
（中）帶著紅糖和雞蛋到陳淑珍的家裏來 "看喜"。

- 新華社記者　孫靜　攝

▲ 1951 年 6 月，浙江省杭州市西湖供銷合作社，社員們用賣茶所得在合作社買東西。

· 新聞攝影局　丁一　攝

▲ 1951 年 9 月 15 日，陝西省咸湯專區涇陽縣雲陽區第四鄉的棉農去供銷社賣棉花。

- 新聞攝影局 葛力群 攝

▲ 1954 年 12 月，河北省薊縣邦均鎮供銷合作社的營業員在數九寒天下鄉送貨。

- 新華社稿

▲1961 年 4 月，西藏工布江達縣太昭鄉供銷社藏族女售貨員德欽
  楊宗背著商品到各個村莊，一邊售貨，一邊收購土特產。全鄉
  11 個村子，最遠的有 28 里路，德欽楊宗都走遍了。

- 新華社記者 林熒 攝

▲1961 年 8 月，雲南省易門縣城關中心商店 "貨郎擔" 在城關公

社大營大隊銷售從外縣採購來的大麻。

- 新華社記者　朱于湖　攝

▶ 1963 年 5 月，西藏黑河縣黑河區
供銷社主任多吉正準備給牧民送
貨。他從一個牧場到另一個牧場，
把茶葉、布疋、日用百貨等商品送
到牧民手裏。
- 新華社稿 陳珺 攝

▲1951年6月,浙江省杭州市江干區梅塢供銷合作社收茶站在評
　比茶葉。

· 新聞攝影局　丁一　攝

▲1955 年 3 月，河南省鄭州市須水鎮百貨業合作小組組員正出發去趕廟會。須水鎮百貨
　業合作小組由 9 個小商小販組成。

- 新華社記者　郝純一　攝

▲ 1956 年 5 月，天津李樓鄉謝莊的農民在供銷社購買商品。

- 新華社稿

▲ 1958 年 4 月，山西省壽陽縣宗艾鄉供銷社的"貨郎擔"，足跡遍及四十多個村莊。

- 新華社稿　周樹銘、張瑞華　攝

◀ 1965 年 8 月，山東省棲霞縣唐家泊供銷
　社到農村收購土副產品和廢舊物資。

- 新華社稿

▲ 1965 年 7 月，北京市昌平縣南口鎮供銷社送到農村的日用品很受農民歡迎。

· 新華社稿

　　改革開放後，農民收入增加，各種小攤小販、商店門臉如雨後春筍般出現，農村的買賣逐漸活躍起來。供銷社，再也不是農民唯一做買賣的對象了。

　　孫建貞，原河北省元氏縣趙同供銷社主任。他上任時，趙同供銷社已經連續虧損多年，連工資都發不出來。為了扭轉虧損局面，他揣著 300 塊錢奔赴幾千里外的廣東中山，談成一筆 38 萬元的大買賣。錢不夠用，他每天只吃一頓飯；餓得不行，就喝自來水充飢。然而，孫建貞個人的苦苦掙扎，扭轉不了供銷社在市場大潮中低落的大勢。

　　當年，中國有行政村 70 萬個，而供銷社的基層網點有110 萬個。1992 年至 1998 年，供銷社基層網點以每年 10 萬個的速度下降。到 1998 年，不少在村裏設的供銷社都沒了，全國僅剩 42 萬個基層網點。

　　最近幾年，農民們發現，消失的供銷社又回來了。幫外出打工的農民託管田地、發展農村現代流通、領辦農民專業合作社 …… 涅槃重生的供銷社，正在更深地融入農民的生活。

　　背簍扁擔的買賣時代已經遠去。無論是新生的供銷社，還是無處不在的網絡平台，農村的買賣，都在變得越來越好做。

▲ 2017 年 1 月 10 日，在內蒙古阿巴嘎旗洪格爾高勒鎮，牧民領到自己網購的商
　品。互聯網普及之後，網購成為主要購物形式，電子銀行變成新的支付方式。吃、
　穿、住、行等與人們日常生活相關的商品都可以網購並在線支付。

· 新華社記者　連振　攝

▲ 2018 年 3 月 1 日，河北省南皮縣農村電商倉儲物流配送中心的工作人員在給南皮
縣劉八里村電商服務站配送貨物。近年來，南皮縣積極探索電商扶貧模式，已實現
電商服務站行政村全覆蓋。

- 新華社記者　牟宇　攝

▲ 2018 年 4 月 21 日，貴州省黔東南苗族侗族自治州鎮遠縣青溪鎮鋪田村農戶在搬
　運採摘好的玫瑰花。近年來，當地積極推進農業與鄉村旅遊等產業相融合，採取土
　地流轉形式和 "公司＋基地＋農戶" 管理模式，結合當地花酒、乾花等市場需求，
　鼓勵農民發展五千餘畝玫瑰花種植，助推鄉村振興。

　新華社稿　蔡興文　攝

編者講述

● 【李柯勇 -《國家相冊》微紀錄片欄目監制】

一直想做這期"供銷社",因為我就是在供銷社大院裏長大的孩子。後來慢慢得知,身邊的同類還很多。但是,等片子拍出來以後才發現,這個供銷社遠不是我兒時記憶中那個供銷社,那個彷彿阿里巴巴寶藏般五光十色的供銷社。

當時,鎮裏的供銷社就是個小世界,百貨大樓、副食品店、藥店、糕點加工廠、旅館、飯店、餃子館、廢品收購站,什麼都有,哪裏都是好玩的去處。百貨大樓後面有個大庫房,門外經常丟著一些沒人要的商品,對我們來説卻是很好的玩具。有一次丟的是滿滿幾箱白鐵皮做的馬燈,還都好好的,沒人用過。那幾天,滿院的孩子人手一隻馬燈,晃晃悠悠地到處跑著玩,年齡大一點的還能比劃一下《紅燈記》。

那些年,曾盛極一時的供銷社已經開始沒落了,在個體戶的衝擊下風雨飄搖,就像那隻精緻而過氣的馬燈,漸漸地被拋到了市場經濟的門外。再後來,小世界就崩潰了,院子一片片被賣出去,房子一棟棟被廢棄,我們玩耍過的地方長滿了荒草,身邊的人也一個個離開了供銷社。後來在北京看到中國供銷集團的招牌,我都很詫異:供銷社原來還活著呢?活著就好,哪怕它已經變得認不出來。

供銷社的根在農村,做的應該是最接地氣的生意。它要重生,希望也在那廣袤深厚的土地裏。無論如何,祝它生意興隆吧。"陌生人,我也為你祝福 / 願你有一個燦爛的前程。"

● 【徐壯志 -《國家相冊》微紀錄片欄目導演】

　　供銷社這個選題，喚起了許多 70 年代以及之前生人的滿滿回憶，同樣也喚起了許多 "80 後" 以及更後的年輕人的興趣。

　　這個聽起來很像超市的供銷社，在長達幾十年中，曾經一肩挑起全中國幾億農民的買和賣。而在改革開放後，這個臃腫僵化的龐然大物在市場競爭中一度節節敗退，最終卻又在互聯網商業時代尋找到了新的生存空間。

　　這是一個足夠曲折的故事。更重要的是，我們在照片檔案館中找到了大量極為精彩的照片。

　　已然望見了宮室之美，我們卻好幾個月不得門牆而入。資深農村記者范世輝先後發來超過 10 個腳本，後期 "大班" 曹曉麗找來了幾十個人物線索，但我們卻始終找不到感覺。

　　反覆翻看檔案館裏的老照片，我們注意到，在許多涉及供銷社的照片上，都有雞蛋的身影。再查閱資料，原來，在那個缺錢的時代，雞蛋在農村交易中曾長期扮演著貨幣的角色。一個雞蛋為引，本集《國家相冊》由此登堂入室。

　　果然。發片後，在數不清的留言中，幾乎都圍繞雞蛋而來。

第 10 篇

今晚放電影

掃這裏看《國家相冊》視頻

講述人：陳小波　導演：郝方甲　撰稿：郎秋紅、麥軍　後期統籌：胡玥聰

一塊白色幕布

映著你的笑語

一段黑白膠片

放出你的歡樂

露天電影場的回憶

載著你的芳華

隨著改革開放大幕拉開

電影銀幕日益五彩斑斕

我們迎來了新的電影繁榮期

　　看一部電影，用一兩個小時體驗別人的喜怒哀樂，等銀幕落下，你還是你，我還是我。

　　幾十年前，看電影是件隆重的事。電影院只在大城市有，農村地區看電影，全靠放映員人挑肩扛，露天放映。每次傳來“放電影”的消息，村莊都沸騰起來，主婦早早做飯，年輕人梳洗打扮，孩子天不黑就要拿著小板凳去佔位置，常常不惜翻山越嶺。

　　放映員用木桿撐起白色幕布，一邊放一邊蹬著飛輪發電，手搖放映機吱吱響起，另一個世界就在人們眼前展開了。

　　1981 年，愛看電影的廣西寧明縣峙浪鄉韋家三兄弟，組成了一支鄉村電影放映隊。三兄弟下鄉，村民常爭著幫他們扛放映機，只為能先睹為快。韋家老二和老三更因為放電影娶到了心儀的姑娘。韋柯回憶道：“片子都是普通話，當地百姓聽不懂，我們用喇叭翻譯給他們聽，不時還要用喇叭來喊人。有一次一個婦女很著急地跑過來說：‘幫我喊我老公出來，我家裏面的老母豬生豬崽啦！’”

不過，電影可不是誰都會放的。

新中國成立後，為了讓更多人看上電影，1950 年，中央電影局在南京舉辦了第一期放映員培訓班。全國各地選派了兩千多人來參訓，人實在太多，連桌椅板凳都不夠，學員就坐在院子裏聽課。

袁志舜，參訓時只有 16 歲，是班裏最小的學員。培訓了四個月，袁志舜作為新中國第一批電影放映員，被分配到江蘇鎮江。整個鎮江只有一家電影院，更多時候，袁志舜和同事們要帶著放映設備去放映點，單位禮堂、工廠車間、田間空場……能坐人的地方，都能用來放電影。84 歲的袁志舜回憶道：我們到淮河工地慰問修淮河的民工，帶了一部影片叫《中國人民勝利》。電影結尾的部分，毛主席在天安門宣佈"中華人民共和國中央人民政府成立了"。在收拾銀幕的時候，我們發現銀幕後面有一個老太太在找東西。我問她："老太太你找什麼呢？"她說："我找毛主席。"

那時候，電影太新鮮了，很多人還不會看電影，換個場景或出現個新人物就跟不上情節了。放映員還要當解說員。還有時，放映員要在電影開始前先用幻燈片"預告"一遍人物和場景，"劇透"完再放映。

那時電影少，幾部片子反覆放，很多台詞成為經典。

"851851，我是延安我是延安……"

"為了勝利向我開炮……"

這些台詞來自《英雄兒女》，這是曾經最受觀眾歡迎的影片。

電影拍攝於 1964 年，扮演“向我開炮”的演員劉世龍，一生都被人叫作王成。劉世龍之子劉曉陽在採訪中談道：“70 年代末的時候，有一場邊境的戰鬥，結束以後有幾個戰士上廠裏來，說要見王成。見到我父親之後，他們就跟我父親說：‘王成同志，在戰鬥中我們就是喊著您的名字衝上去的，這一去有很多戰友就沒回來。今天，我們也是代表他們向您敬一個軍禮。’”

英雄電影寄託了一代人的英雄情結，勾起了無數人的英雄夢，在觀眾眼裏，扮演者也與英雄成為一體了。電影《平原游擊隊》上映後，雙槍打鬼子的李向陽一夜之間家喻戶曉。有一天，李向陽的扮演者郭振清排隊買肉，售貨員特地砍下五花三層的好肉給他。隊伍裏別人有意見，售貨員理直氣壯地說，他是李向陽，你要是李向陽，我也砍好的給你。

▲1954 年 10 月，新疆文化局電影放映隊來到帕米爾高
　原，給柯爾孜克族牧民帶來豐富多彩的文化生活。
- 新華社記者　王平　攝

▲1955 年冬天，內蒙古集二線鐵路沿線的農牧民在
　看電影。當年，全國已有三千六百多個電影放映
　隊，平均每個縣基本上都有一個。

- 新華社稿

▲ 1958 年，吉林延吉回鄉參加農業生產的知識青年李基鍾擔任了放映隊的放映員。

－新華社記者　劉恩泰　攝

▲1959年5月5日，在西藏拉薩新建的第一個人民電影院門前，拉薩第三小學的小學生等候入場。

- 新華社記者 劉長忠 攝

▲ 1960 年夏天，山東掖縣電影放映隊為慶祝小麥豐收，在田間為農民放映白晝電影。

新華社記者 李成美 攝

▲1965 年 11 月，農村電影放映隊在江蘇省丹徒縣江心公社給社員放映《李雙雙》。

－新華社記者　丁峻　攝

▲ 1962 年 3 月，黑龍江省雙城縣第二放映隊由三個姑娘組成，她們負責為青嶺、東
　關兩個公社的三十多個生產隊放映電影。這是放映員隋淑珍在放電影。

- 新華社稿　張戈　攝

▲ 1955 年 12 月，甘肅省文化局主辦的電影放映訓練班的學員在檢查電影放映機和
　影片。這一期學員有一百二十多人，都來自農村。

‧ 新華社記者　趙淮青　攝

▶ 1955 年，寶成鐵路的築路工人每隔一週就能看到一部新影片。這
　是放映隊的放映員正在檢查剛運到的影片。

- 新華社稿

◀ 20 世紀 50 年代，山西省平遙縣第二電影放映
隊隊長陳秀蓮在為農民放映電影。

- 新華社記者　張瑞華　攝

▲ 1965 年，山東省章丘縣農村科學技術宣傳隊在放映故事片之前，用三鏡頭幻燈機
　放映自己繪製的新人新事的彩色幻燈片。

－新華社記者　李漢孝　攝

▲ 1990 年 12 月 15 日，內蒙古阿拉善右旗孟根寶力格的牧民在觀看電影。

- 新華社記者　白斯古郎　攝

1978 年年底，改革開放大幕拉開，電影銀幕變得五彩斑斕起來。電影主題更多元了，但每個人心中都有一部深刻影響自己的電影。

1981 年，電影《廬山戀》出現了新中國電影史上第一個親吻鏡頭，引起巨大爭議。但伴著開放的步伐，人們對浪漫愛情的憧憬、美好事物的期盼越來越敢大聲講出來。

1982 年，電影《少林寺》風靡全國，引得一大批青少年湧向少林寺，追求武俠夢，更在國際上掀起一股中國功夫潮。

袁志舜當了一輩子放映員，從最初推著獨輪車流動放映，到後來有了專門的電影院、文化宮，他見證了電影的"登堂入室"。

現在中國有五萬多塊電影銀幕。2017 年一年，中國生產故事片 798 部，超過改革開放前拍攝電影的總和，票房累計五百多億元。我們迎來了新的文化活躍、電影繁榮期。

一個時代講一個時代的故事，一部電影有一部電影的用心。電影越來越多，每一部都是電影人想要講給你聽的故事，哪一個講到了你心裏？

▲ 2014 年 8 月 6 日，在河北省固安縣林城村，村民在觀看
　電影。齊全國是林城村村民，從 2002 年起，他先後投資
　三十多萬元，購買了 6 部老式放映機和高清數字電影機、
　三千多部電影拷貝，為村民、外來農民工等免費放映電影
　一千三百餘場。
- 新華社記者　王曉　攝

● 【郝方甲 -《國家相冊》微紀錄片欄目導演】

幾個月前，撰稿們提到了新中國的第一批電影放映員。中央電影局 1950 年曾組織了一次放映員培訓班，兩千多名學員在南京學習了 4 個月。這批人被分配到各地，就成了 "放電影的人"。

說是有兩千多人，但記者們找了一圈，竟沒有找到適合採訪的人。

直到發片前一週。

突然想起有人提過，我先生的爺爺袁志舜就是電影放映員。

趕緊打電話問，老人家竟然就是參加過那次培訓的第一批，而且是班裏年齡最小的學員！電話裏 "採訪" 了一個小時，簡單整理出來給大夥兒看，都說精彩。故事寫在腳本裏，小波老師錄音時更是笑得讀不下去。

最鮮活動人的內容，永遠在人身上，不在歷史資料堆裏。《國家相冊》期期鈎沉，每當無路可走，都是在找到對的人後柳暗花明。用《國家相冊》找故事的標準去和歷史人物聊天，會發現大量曾被忽視的珍貴細節。

這次是自己家的老人，那別人呢？

若不是做《國家相冊》，我過去從未用歷史的眼光看他們。

《國家相冊》若發起互動話題，我一定要建議年輕人回家去，多和老人聊聊天。不單是為了愛和陪伴，更是他們值得被傾聽。

他們不是一直像現在這樣蒼老，他們也曾有與我們一樣的青春和奮鬥，他們就是歷史。

● 【袁志舜 電影放映員】

"去放電影必須帶上發電機。"

我 1950 年參加了中國第一屆的電影放映培訓班，是當時的中央文化部在南京辦的。這個訓練班有兩千多人，除了西藏和台灣，其他各個省的學員都有。我來自江蘇，畢業以後就分配到鎮江從事流動電影的放映工作。當時好多地方電都沒有，去放電影必須帶上發電機。

"我暗下決心，我這一輩子什麼都不幹，就放電影。"

我當時年紀很小，暗下決心，我這一輩子什麼都不幹，就放電影，我熱愛這工作，一直到退休，44 年我都從事電影工作。我們經常去基層放，不管是農村的、工廠的，還是部隊的，每一個月給他們放一場電影。為了讓群眾看懂電影，在關鍵時刻我們都用話筒，簡單地用當地的語言解釋一下。這樣，廣大群眾就能看懂、能理解。

"北京電影博物館，有我們以前放流動電影的機械模型，我買了一個擺在家裏面。"

現在的電影院座位舒適了，跟以前不能比了。電影的清晰度、效果都比以前有很大進步。但是呢，我還是留戀過去一場電影那麼多人，上千，甚至幾千人的場景。我去北京旅遊，北京有個電影博物館，有我們以前放流動電影的機械模型，我買了一個擺在家裏面。

第 11 篇

車鈴響叮噹

掃這裏看《國家相冊》視頻

講述人：陳小波　導演：郝方甲　撰稿：王清穎　後期統籌：曹曉麗

車輪飛轉

似乎是時光的年輪

自行車是舶來品

卻在人口眾多的中國得到大發展

從皇家專享

到大眾代步工具

再到共享單車

伴隨中國的進步

見證中國人生活的改變

　　共享單車，自帶青春流量。掃碼開鎖，即開即騎，前人怎能想到，今天我們這樣騎自行車？

　　車輪飛轉，似乎是時光的年輪。

　　歷史上最原始的自行車是法國人西夫拉克於 1790 年發明的。一個半世紀前，自行車傳入中國。末代皇帝溥儀的大婚禮物之一，就是一輛自行車。為了騎車方便，他還命人把宮門的門檻鋸掉，古老的故宮裏響起清脆的車鈴聲。

　　據歷史學家研究，最早騎車的中國女性是宋靄齡，1899 年，她得到了一輛自行車作為 10 歲生日禮物。

　　晚清民國時代，自行車逐漸走入百姓家，和自行車合影成為一種時尚。不管會不會騎，都要扶著照張相。作為一種交通工具，自行車讓人們走得更快更遠。

脚踏車週遊世界　敬贈

▲ 1931 年夏，徒步和騎自行車作環球旅行的上海青年潘德明。

新華社稿

照片裏這個青年，叫潘德明，他是第一位騎自行車和徒步完成環球冒險之旅的中國人。1931 年，潘德明騎著一輛英製的 "蘭瓴牌" 自行車，從南京出發，開始環球之旅。他途經五大洲的四十多個國家和地區，歷經 7 年多，行程數萬里。

一個人的旅途充滿艱辛。挺進阿拉伯時，他斷水斷糧，昏厥在沙漠中；在耶路撒冷，他的自行車乾脆被一夥兒盜賊搶走；在保加利亞，因為不了解這個國家搖頭表示對、點頭表示錯的習俗，走錯方向，越騎越遠。

到達奧林匹亞，他在報上看到中國因為沒錢，不派運動員參加第十屆奧運會時，在紙上寫下了兩行大字："中國人潘德明步行到此"，憤而貼在古運動場遺址的石柱上。

潘德明一路走，一路請人留言。返國後，他自製的《名人留墨集》，總重達 4 公斤，有一千二百多個組織團體、數十位世界名人的簽名題詞及當地郵戳。

這個勇敢的青年代表著渴望了解世界，也渴望被世界了解的中國人。

▲ 1956 年 1 月 19 日，重慶手工業者陳濤（左）和兒子參加慶祝手工業全部合作化
　遊行。過去，為了糊口，奔跑十幾個省修理自行車的陳濤，現在參加了重慶市鐵作
　業自行車組生產合作社。

- 新華社記者　劉詩臨　攝

▲1954 年 9 月，河北省成安縣西魏村社員勞動一天之後騎自行車回家。

‧新華社記者 盛果 攝

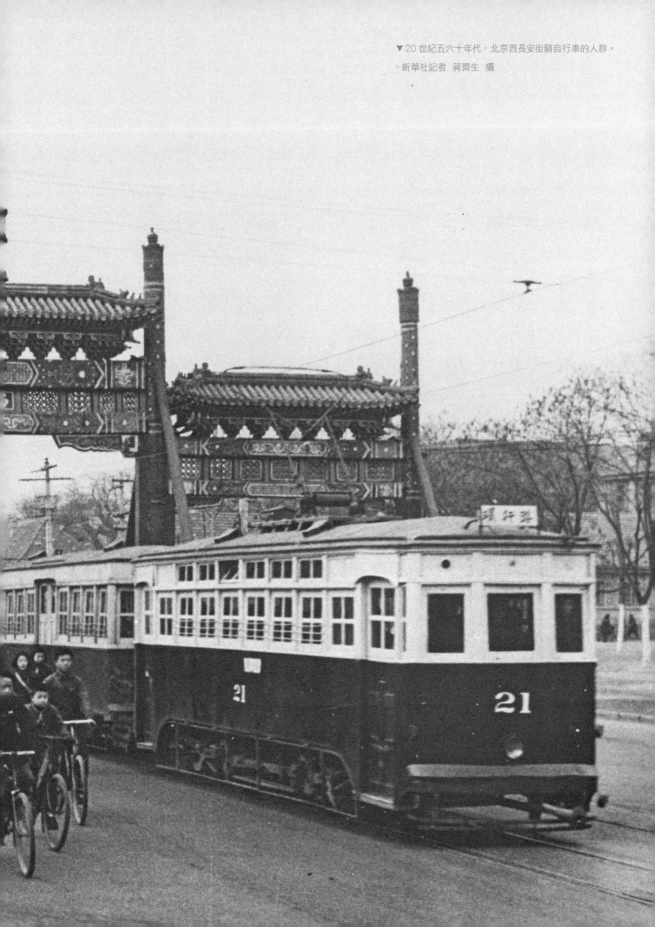

▼20世紀五六十年代，北京西長安街騎自行車的人群。
－新華社記者　蔣齊生　攝

◀1957年，山西省太谷縣新聯農業社社員張栓保買
　了有生以來第一輛自行車。

- 新華社記者　張瑞華　攝

▼1958 年 10 月，內蒙古自治區呼和浩特市蔬菜公司動
　員所屬機關的兩百多名職工，臨時組成了運輸大隊，
　利用自行車、排子車、三輪車等運輸工具搶運蔬菜。
　新華社記者　阿爾泰　攝

▲1979 年 12 月 12 日，廣州市第二幼兒園舉行小自行車比賽。

- 新華社記者 孫志成 攝

◀ 1973 年 6 月，雲南西雙版納傣族社員騎著
　自行車到地裏去勞動。
- 新華社記者　朱于湖　攝

◀ 1995 年 8 月，湖南省長沙市出現 40℃的高
　溫天氣，人們騎自行車紛紛用上太陽披。
- 新華社記者　蔡國勝　攝

▲ 1989 年 2 月 25 日，應邀訪華的美國總統布什和夫人試騎
　獲贈的 "飛鴿" 牌自行車。
- 新華社記者　王新慶　攝

　　新中國成立後，自行車成了中國最普及的交通工具。潮水般的自行車流，是最經典的中國符號和街頭景象。中國，被稱作“自行車上的王國”。在汽車尚未普及的年代，除了出行，自行車也被用來拉貨、帶人。兩只輪子馱起全部生活，騎自行車成了必備的技能，學校、工廠，農村、城市，各種活動都有自行車的身影。

　　女子結婚，陪嫁品要“三轉一響”，其中“一轉”，就是自行車。很多新娘帶著幸福的笑容，坐在自行車後座出嫁。

　　那時的自行車憑票購買，光有錢，是買不到的。1981 年秋，湖北應城農民楊小運超額完成徵購任務，組織問他想要什麼獎勵，楊小運說：“我想要一輛‘永久’牌自行車。”

　　時任上海自行車廠廠長的王元昌寫信給《人民日報》表態：“楊小運的要求，就是農民兄弟的要求，農民兄弟要‘永久’，‘永久’工人要盡責。”

　　楊小運拿到了自行車，成為了計劃經濟年代轟動一時的新聞。回憶起那輛自行車，他笑道：“30 年後買個小汽車都不會有這麼大的影響！”大會上，他的發言是公社一個秘書代寫的，裏頭兩句話他至今記得：騎上“永久”牌自行車，永遠走在社會主義的大道上。

　　楊小運的自行車在騎了 7 年後，被湖北應城市檔案館收藏。

　　“永久”、“飛鴿”、“鳳凰”是那個年代中國自行車的大明星。1989 年，全國共有自行車兩億兩千萬輛，平均每分鐘就有 63 輛新車出廠。

　　“飛鴿”牌自行車誕生於 1950 年，是新中國成立後我國自行設計、生產的第一個自行車品牌。1989 年 2 月，天津自行車廠把“飛鴿”牌自行車作為禮品，送給來華訪問的布什夫婦。

　　從步行、騎馬，到騎自行車、開汽車，輪子上的中國人越走越快，越走越遠。時代飛速發展，自行車承載著生活的熱望，見證了人們的日子越過越好。

▲ 2010 年 6 月 19 日，遊客在夕陽下騎自行車遊覽
上海世博園丹麥館。
- 新華社記者 沈伯韓 攝

▼ 2012 年 7 月 7 日，參加環青海湖國際公路自行車
　賽的參賽選手在比賽中騎行。
- 新華社記者　張宏祥　攝

▲ 2014 年 3 月 27 日，湖北省武漢市志願者騎公共自行車宣傳低碳出行。

- 新華社記者　程敏　攝

◀ 2012 年 3 月 28 日，在北京市豐台區蒲黃榆路口，騎車人在車流中騎行。中國被
　　稱為 "自行車王國"，隨著汽車進入尋常百姓家，自行車的狀況也發生了變化。

- 新華社記者　李文　攝

▲ 2016 年 9 月 7 日，車輛在瀋陽市渾河大橋匝道排隊上橋。

- 新華社記者 楊青 攝

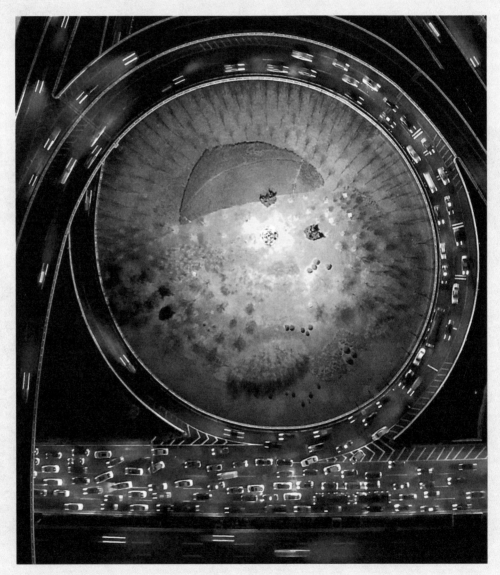

▲ 2016 年 12 月 24 日，在夜色中俯瞰天津市快速路上的立交橋

　　和車流，流光溢彩，別具特色。

- 新華社記者　岳月偉　攝

◀2017 年 8 月 16 日，一群"90 後"小夥兒頂著烈日悄然穿梭於天津大街小巷，
他們是某品牌共享單車的運行維護工作人員，被稱為"單車調度員"。

- 新華社稿　史淞予　攝

編者
講述

● 【王清穎 - 《國家相冊》微紀錄片欄目撰稿】

對於中國人來說，自行車再熟悉不過了，如空氣一般。

最終這期腳本定稿 1,200 字，我查閱的資料至少超過 12 萬字。在閱讀與思考中，我逐漸清晰了這一期的切入點：時間。

自行車是舶來品，卻在人口眾多的中國得到大發展，伴隨中國的進步，見證中國人生活改變……從皇家專享，到大眾代步工具，又成為"新四大發明"之一。

如此切入，既能鋪陳自行車與中國的一些鮮為人知的故事，更能因為自行車在中國的不斷"進化"而引起觀眾共鳴。

因此，我將這一期的主題寫為：車輪飛轉，似乎是時光的年輪。

《國家相冊》透過老照片回溯歷史，"時空感"是關鍵。短短幾分鐘，昨日滄桑，化為今日感歎。

第 12 篇

不變的溫暖

掃這要看《國家相冊》視頻

講述人：陳小波　導演：郝方甲、徐壯志　撰稿：趙丹丹、王建、柳王敏　後期統籌：曹曉麗

火炕、炭盆、蜂窩煤……

寒冬裏

你用過哪種？

改革開放

中國國力迅速發展

在城市裏

污染嚴重的煤正逐步被油和氣取代

集中供暖也越來越普遍

不管取暖的方式怎麼變化

不變的

永遠是家的溫暖

蜂窩煤你一定認識。2016 年，它與北斗導航衛星、南京長江大橋等國家工程一起，獲得了北京國際設計週經典設計榮譽提名獎。

蜂窩煤是怎麼設計出來的？

靠煤取暖的年代裏，如何把煤引燃和燒盡，是個大問題。引燃一次煤球，大約需要用 1 斤劈柴。光這一項，僅北京市一年就要用兩億多斤劈柴。人們對此習以為常，小煤商郭文德卻動起了腦筋。

俗話說 “人要實，火要虛”，他琢磨著要做一種 “會透氣的煤球”：把煤做成固定形狀，穿幾個洞，煤摞煤，眼對眼，不就好燒了嘛。

1949 年，蜂窩煤誕生了。郭文德推廣蜂窩煤的辦法也很新潮——在電影院裏做廣告。蜂窩煤好燒又好放，連報紙都刊發社論，專門推廣蜂窩煤。有人測算，燒蜂窩煤後，郭文德每年能給北京省下約 30 萬噸煤。

大街小巷，一堆堆蜂窩煤成了最常見的街景。走街串戶，送煤上門的工人，就是那個時代冬天最重要的"外賣小哥"。

詩人聞一多之孫聞丹青，是著名攝影家，他的第一份工作，就是送煤。他回憶說："大三九天，一車煤搬出去渾身都濕透了。有時候還需要把煤搬上樓，一背篼要裝 100 斤煤。如果一次只背 50 斤，跑的次數就太多了，所以都背 100 斤。"

計劃經濟年代裏，煤炭憑票供應。為了買煤，人們常常半夜就跑到售煤點開始排隊。要是一時沒買到，從誰家借上幾塊蜂窩煤，是那個時代鄰里往來的常事。

"溫飽"兩個字，"溫"還要排在"飽"的前面。寒冬裏，溫暖總是和家、和親情聯繫在一起的。

"一間屋子半間炕"，在北方，火炕是百姓家裏常見的溫暖之源。點上火，炕洞就是灶台；放上餐桌，炕面就是餐廳；鋪上被子，就是最溫暖的床。

在東北大炕上長大的楊曉東，聊起了自家的炕："冬天非常冷，媽媽怕我們吃飯涼，她早上做了飯，就會從灶坑裏扒拉一盆炭火出來，放在地中間，把早上炒的菜，白菜片啊，土豆絲啊，放在炭火上熱。我們放學回到家裏，一進門就能吃到熱乎菜，感覺心裏也是暖的。"

在北方，火炕是生活，也是社交的舞台。鄰里鄉親來串門，主人第一句話一定是：趕緊上炕暖和暖和。盤著腿，嘮著嗑，叼著煙袋，唱著歌，炕頭上，鄰里鄉親你一言我一語地逗趣，就是今天東北二人轉的原型。

▲ 1959 年 12 月，北京市王家園煤球場大搞技術革新，工人們用機器生產蜂窩煤。

· 新華社稿

▲ 1959 年 12 月，北京市關廂煤柴廠技術組何太歧等三人製成的腳踏砸蜂窩煤機，兩人操作，生產效率比手工操作提高一倍。

- 新華社稿

▲ 20 世紀 50 年代，山西省黎城縣洪井村前鋒農業生產合作社的託兒所看護員和孩子們在溫暖的土炕上。

- 新華社稿　宋學廣　攝

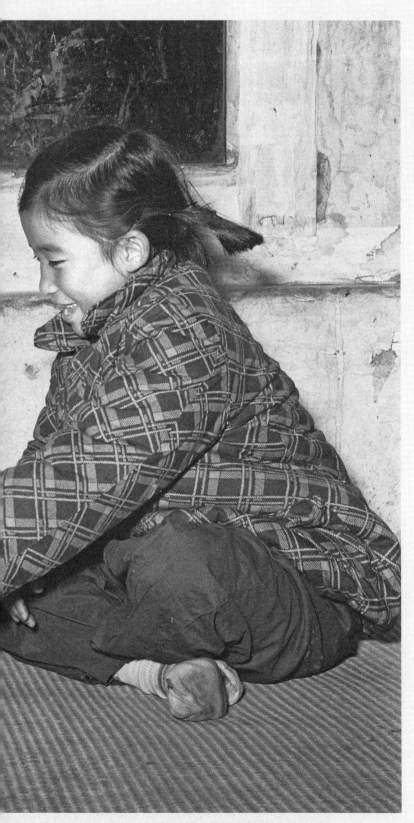

◀1957 年 11 月，北京市海澱區西山農
　業社，李志英（右）和鄰居小敏子一起
　坐在熱炕上逗貓玩。
· 新華社記者　于澄建　攝

▶ 1958 年 12 月，河北省寧河縣皂甸生產隊 73 歲的
　韓寶貴坐在暖和的熱炕頭上看老伴兒縫被子。
- 新華社記者　盛果　攝

▲ 1982 年春節前夕，遼寧省營口縣高坎公社文化中心
業餘劇團深入到軍烈屬家中慰問表演二人轉傳統劇
目。冬季在炕頭上聽二人轉是東北人的一大樂趣。
新華社記者 張小龍 攝

　　南方人怎麼過冬？為了度過濕冷的冬天，許多南方人家會在屋子裏放一個火盆，或者點上一堆火。孩子們提著小暖爐上學，能暖和小半天。教室裏生著大火爐，同學們寫字不用哈氣暖手。在湖南寧鄉，冬天搬了新家，來道喜的人還會送來一盆炭火，寓意"紅紅火火"。

　　改革開放，中國國力迅速發展。在城市裏，污染嚴重的煤正逐步被油和氣取代，集中供暖也越來越普遍。不管取暖的方式怎麼變化，不變的，永遠是家的溫暖。

▶ 2008 年 12 月 21 日，天津市河西區濱水北里的石大爺和家人在溫暖的住房內。
·新華社記者 劉海峰 攝

▶ 2013 年 12 月，在甘肅省榆中縣定遠鎮白家坪新農村，村民白文忠抱著孫子坐在自家利用 "戶用型生物質炊事採暖系統爐" 進行加熱的暖氣旁。
·新華社記者 張錳 攝

▶ 2014 年 11 月 5 日，家住長春市和馨園小區的馬玉賢女士在溫暖的屋子裏分揀豆子。長春供電公司自 2010 年起開始推行 "電採暖"，既能入戶安裝也能對傳統煤炭供熱系統進行改造，這種清潔能源供暖方式正受到越來越多的市民的青睞。
·新華社記者 王昊飛 攝

● 【陳小波－《國家相冊》微紀錄片欄目講述人】

這期《國家相冊》和取暖有關，需要採訪一個當年的送煤工。

我想起聞丹青——我二十多年的好友。我記得他當過七八年煤場工人，蹬著板車，走街串巷送過蜂窩煤。一週前，我們一群友人聚會，和他敲定，接受採訪。

現在很難想象，70年代中期，中國美術館後街那個送煤小哥，是著名詩人、學者、愛國民主人士聞一多之孫、著名畫家聞立鵬之子。聞丹青説：送煤一身大汗，風一吹，棉襖常變成冰疙瘩。中午他要回到位於中央美術學院的家裏吃飯，髒得上不了桌，但也來不及換衣服洗臉，家人只好給他準備一個專門的小木凳，坐在門口扒拉幾口……

聞丹青後來做了《中國攝影》雜誌總編，在業內素以學問深厚、良善厚樸、彬彬有禮、斯文低調著稱。今天他說起北京的冬天、自己當送煤工的日子，坦言一切都是命運的安排。

**採訪
口述**

● 【 郭春伏 蜂窩煤發明人郭文德之子 】

"他想要做一個透氣的煤球。"

我父親在北京無意中看到，有人燒煤的時候用一些濕煤把爐眼封住，然後在上面插一個眼，這樣第二天煤爐不滅，還能省煤。他受到啟發，回到德州迅速開了一家煤炭店，他想要做一個"透氣的煤球"。

當時面臨兩個問題：一個是模具，一個是配方。那時蜂窩煤不像現在是用摻土來黏合，而是用石灰。我父親想了很多辦法終於成功了，將其命名為"經濟煤球"。

"你爸爸在電影裏宣傳蜂窩煤。"

蜂窩煤很快在德州推廣開來了。我父親還在電影院裏面打廣告，這在當時很新潮。廣告片把經濟煤球的好處、散煤的弊端進行比較，用現在話說就是很環保，轟動一時。

那時，我一說我父親是誰，人們都知道，說你爸爸在電影裏宣傳蜂窩煤。

"沒想到蜂窩煤能得大獎。"

我父親的煤炭店叫"郭文德家庭工業社"，後來又改名叫"郭文德利民煤球廠"。

父親 2003 年去世了，沒想到在 2016 年，蜂窩煤與北斗導航衛星、南京長江大橋等國家工程一起，獲得了北京國際設計週經典設計榮譽提名獎。聽到這個消息，當時我感到很吃驚，沒想到一個小小的蜂窩煤，能得到這個大獎。

這說明人們對它的認可，說明人們認可蜂窩煤對人民、對國家的貢獻。我為我父親感到自豪。

● 【聞丹青 詩人聞一多之孫】

"到了秋天，就進入了北京用煤的高峰。"

北京冬天呢，燒的主要是煤球和蜂窩煤這兩種。家家戶戶都有煤爐子，取暖做飯都靠煤，煤舖都是國家專營。蜂窩煤的歷史不長，蜂窩煤機是北京著名攝影師老焱若發明的，挺絕。

我之前在北京房山插隊，1972 年到了北京市東城區三商局景山煤場。秋天就進入了北京用煤高峰，我們就得加緊送煤，蹬著三輪車挨家挨戶送。煤用竹筐裝，一筐煤球 50 斤，一塊二 100 斤；一筐蜂窩煤是 50 塊，兩分四一塊。一般情況下，如果光做飯不取暖，蜂窩煤一個月用 150 塊。

"大三九天，你一車煤搬出去渾身都濕透了。"

送煤是按月送的，一個送煤工包一條或者兩條胡同。我們送煤，一車要拉 1,000 斤，一天至少跑六趟，總共是 6,000 斤。

拉著 1,000 斤煤，上坡真的是特別特別吃力，但那會兒通常能遇到好人，幫你推一把。有時候還需要把煤背上樓，要爬到四樓五樓相當吃力。

（用什麼樣的筐背？）

是長方形的竹筐，用一根工業用的三角帶，勒到筐上再勒到肩膀上，兩筐摞著這麼背。

那會兒劉伯承還住錢糧胡同，到了門口，警衛員就給搬進去了，最省勁。還有一家是軍人，送煤到了他家，給你沏兩杯茶，臨走的時候還給根煙。

"變化那麼快。"

70 年代中期，北京就開始有罐裝的煤氣，我當時還趕上賣灶具，二十八塊五一套。煤氣罐不用你買，因為大部分居民掏不出二十八塊錢來，所以還要簽一個借條，向燃氣公司"借"罐。

我們參加工作的時候，領導說："煤是永遠需要的。"誰想到變化那麼快！

第 13 篇

我想對你講

掃這裏看《國家相冊》視頻

講述人：陳小波　導演：郝方甲　撰稿：李俊義、曹陽　後期統籌：曹曉麗

過去

書信車馬慢

電報字如金

從 "近處靠吼，遠處靠走"

到 "一機在手，天下我有"

通信工具日新月異

願你在信息的洪流中

珍惜、享受每一次交流

1960 年 2 月 2 日，山西省平陸縣 61 位修路民工食物中毒，急需一種名為二硫基丙醇的特效藥。

平陸有三千多條溝、兩百多座山，溝壑縱橫，路極難走。你眼睜睜看著村子就在對面，可是上山下溝過去就得幾個小時。附近城市都沒有這種藥，平陸縣委書記咬咬牙："給北京打電話！"

時任平陸縣委秘書處秘書的張明亮，當時負責打電話。"我一生沒有打過那麼多電話，也沒像那麼急。呼嚕呼嚕半天叫不通。書記著急得不行：怎麼還聯繫不到？"

終於，北京藥店的電話接通了，張明亮在電話裏喊："我是山西平陸，急需二硫基丙醇！"藥店說："有！"

搶救窗口期只有幾十個小時，藥在北京，怎麼辦？接著打電話，找飛機！61 條命都指望這部電話了。

第二天深夜，一架空軍飛機從北京直飛平陸，空投下一隻裝滿二硫基丙醇的木箱，中毒民工得救了。

一部電話成了救命的關鍵。不過那時電話遠未普及，普通人還是靠寫信。信紙密密麻麻寫滿，塞進薄薄的信封裏，貼上郵票，投進郵箱，就寄走了一份情意，接下來就是望眼欲穿的等待。

如果有大事急事，也可以拍電報。"平安"、"速歸"都是電報高頻詞，人們常說，"電報電報，不是哭就是笑"。

1976年夏天，唐山大地震震驚世界，北京、天津一帶震感強烈，震區通信完全中斷。人們湧向電報局，給親人朋友發電報，直接導致了電報大擁堵。

原北京電報大樓國際值班長賈錫剛，談起地震後電報局的狀況時說："你發一封電報，對方要回一封電報，幾十萬張、幾百萬張、上千萬張電報一下子出來，你想想什麼感覺？！"

電報線路有限，來不及傳的電報怎麼辦？北京的報務員們把多出來的電報按地區分類，派人騎摩托車直接送到收信地郵局。"電"報變成了"人"報，親人平安的消息，早一分鐘送到，就少一分鐘心急如焚。

1978年，我國固定電話普及率只有0.43%，在電話大樓前帶著飯排隊打電話成了一景。

和寫信、發電報比起來，打電話，特別是長途電話，是件奢侈事，話費要按距離遠近收，直到80年代後期，2,000公里以上的長途電話還要每分鐘1.2元，幾乎和現在的國際長途價格差不多。

1990年，北京的電話初裝費是每部五千多元，即便交了錢，也要排隊等上幾個月，甚至一兩年。

　　電話熱的背後，是人們的交流熱情：我想找到你。我要和你說話。我想立刻和你說上話。

　　似乎就在一夜之間，家家都裝上了電話。城市街頭還出現了各種新式公用電話，投幣的、磁卡的。

　　但電話畢竟不能隨身攜帶，尋呼機，也叫 BP 機，應運而生。"有事 call 我"，成了一段時期的常用語。

　　普通人腰間別起了尋呼機，更有錢的人則用上了"大哥大"。隨著 90 年代的下海熱，生意人幾乎人手一部。你聽這名字，"大哥大"，它不僅僅是通信工具，更成為富貴的象徵。

　　1992 年，瀋陽市一名企業家，用 25.8 萬元買了一個"大哥大"的吉利號"908888"。用了不到十年，2001 年 6 月，模擬移動電話網關閉，這個"靚號"和"大哥大"一起，成為了歷史名詞。

▲ 1960 年 3 月，山西省平陸縣 61 個階級弟兄恢復健康後合影留念。

- 新華社記者　張瑞華　攝

◀ 20 世紀 50 年代初，北京市王
府井大街新華書店的營業員在
用電話與顧客聯繫。

- 新聞攝影局　葛力群　攝

◀ 1958 年 7 月 7 日，北京市東
四郵電局職工常秀珍（左）、
趙靜宜（中）正在向電信小組
營業員夏際安（右）學習電信
營業。

- 新華社記者　盛繼潤、張萍　攝

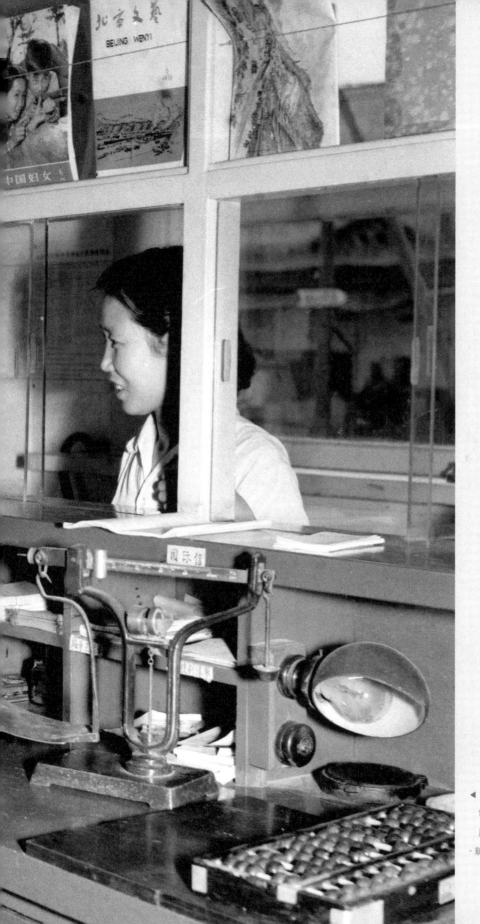

◀1958 年 7 月 7 日，北京市西四郵
電局馬市橋郵亭營業員正在代顧客
用電話傳送電報。

- 新華社記者　張萍　攝

▲ 1959 年 5 月 18 日，北京市東四郵電局的營業員主動
  為講不好普通話的顧客代打長途電話。

  - 新華社稿

▲ 1956 年，江西省遂川縣卜村農業社的謝永菖（右）寫信
　給當兵的兒子，告訴他早稻豐收的消息。
- 新華社稿 萬朗庭 攝

◀1960 年 1 月 13 日，遼寧省瀋陽市郵電局電報室試製成功了一台專供傳送電報用
　的自動化輸報帶，實現了電報在局內傳遞自動化。
　新華社記者　于肇、朱瑛　攝

▲ 1994 年 12 月 9 日，上海郵電大廳內申請安裝電話的市民絡繹不
　　絕。每安裝一部電話需花費人民幣近四千元。
- 新華社記者　張明　攝

◀ 1962 年 9 月 5 日，北京市東四郵電局夜班營業員李慧清（左）在
　　為一位從陝西臨潼來京的遠客辦理發報手續。
- 新華社稿

▲ 1993 年 3 月 6 日，北京高校畢業生供需雙向選擇大會吸引了數以萬計的應屆畢業
　 生和學生家長。清晨會場剛剛放行，一個用人單位的工作人員就用無線電話與總部
　 聯繫。

- 新華社記者 李明放 攝

▲ 1983 年 4 月，山東省牟平縣西關大隊已經有 117 戶社員在家裏安上了電話。

- 新華社記者　李錦　攝

▶ 1990 年 8 月，第十一屆亞運會亞運村新聞中心設置的國際、國內直撥電話及電
　　傳、電腦查詢終端等現代化辦公設施，可以滿足中外記者的新聞發稿需求。

- 新華社記者　王呈選　攝

▼ 1992 年 7 月 1 日，北京街頭新建的一批可以直撥國際、國內長途電話的公用電話亭開始啟用
新華社記者 宋曉剛 攝

▲ 1991 年 7 月 25 日，北京市市內電話局開始向居民公開放號，以增加人們關心的
  安裝電話問題的透明度。這次放號涉及市內 11 個電話行政分局、44 個局號的兩萬
  餘戶居民。這是市內電話局東單營業廳的工作人員冒著酷暑進行放號工作。
  - 新華社記者　劉衛兵　攝

▶ 1993 年 11 月 8 日，美國電報電話公司與天津市郵電局舉辦免費直撥美國中文
  台，在美國尋友傳情活動。兩百多位天津市民與在美國的親朋好友通了話。這是一
  位市民在等候服務員接通電話。
  - 新華社記者　馬平　攝

　　20 年間，手機越來越輕便，功能越來越多，從單一的通話工具轉變為集通信、互聯、娛樂、購物等功能於一體的超級工具。從 1988 年到 2018 年，我國手機用戶增長到 14.1 億。想找誰，手指一點就能連通。

　　通信效率高了，你表達的感情更多了嗎？

　　溝通手段多了，你和朋友交心的時刻也更多了嗎？

▲ 2018 年 2 月，正在韓國平昌冬奧會實習的北京冬奧組委
　 會工作人員朱娜和北京家裏的兒子視頻通話。
　· 新華社記者　王昊飛　攝

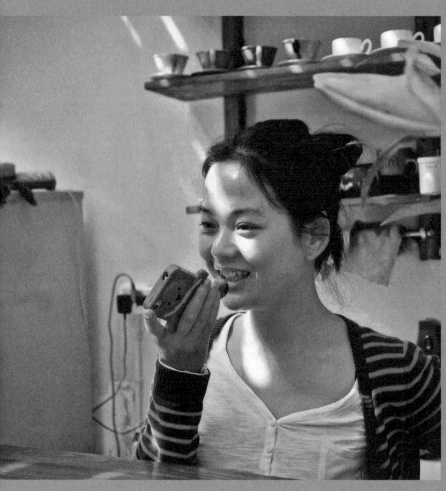
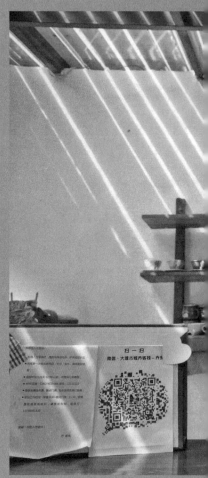

▲ 2013 年 10 月 13 日，雲南大理古城一家客棧裏，店主喬安正在跟訂房的客人聊
微信並將客棧地址分享給客人。從語音通話到視頻通話，從"搖一搖"到朋友圈，
從開放公眾平台到移動支付，微信正在一步一步地實現它是"一種生活方式"的願
景。新技術革命的洪流之下，我們無法預測微信或者任何手機應用的明天如何，但
是我們每個人都能感覺到，一個線上線下虛實融合的時代已經在慢慢到來。
- 新華社記者　王婧嬙　攝

▲ 2016 年 8 月，人們在浙江省杭州市一小區陽台上用手機拍攝錢江新城夜景。
- 新華社記者 王建華 攝

**編者
講述**

● 【郝方甲 - 《國家相冊》微紀錄片欄目導演】

　　通信變遷的題目，是我們從《國家相冊》創作集訓營帶回來的題。那天大家策劃熱情高漲，搶著發言，我出去了一下，河北分社李俊義老師跟出來，一句客套話都沒有，上來就說：方甲，通信工具變化你做不做？

　　啊呀，這是個好題目！

　　進屋一說，柯勇也很興奮。當即請俊義老師牽頭，帶著山西分社年輕的攝影記者曹陽，一老一小立刻動手開始。

　　聊起通信工具變遷，誰都有一肚子故事，但兜兜轉轉，一直沒有找到適合的主故事。人人有故事，但都缺少那麼點戲劇性和代表性，這是系列節目中，時常困擾我們的問題。

　　所以為了這個故事，我們拖了很久。撰稿者們表現出了超強的韌性，山西、北京、河北、遼寧多地同時展開採訪，一個不精彩，就立刻找下一個，再下一個，又下一個……

　　突然（每當遇到瓶頸，我們可愛的團隊總會讓"突然"發生），壯志提起從前的語文課文《為了六十一個階級弟兄》，說裏面是不是有個打電話的情節？

　　曹陽立刻帶著人，往事發地山西平陸趕，採訪結果出乎意料地好。一部電話救了 61 條命之所以影響那麼大，是因為這是那個"車、馬、郵件都慢"的時代的奇跡。

　　日常靠寫信，急事拍電報，你想說的話要在路上慢悠悠地走好久。"我想找到你"、"我要和你說話"、"我想立刻和你說上話"，憑著這樣的念頭，人們發明了電話、BP 機、大哥大……手機越來越先進，成了幾乎萬能的超級工具，但人也綁在了手機上。從前再是等回信，也知道路上總要幾天，除了默默等待，別無他法。而現在的人，對答覆速度的要求高得不講理，一會兒找不到就覺得對方"失聯"，電話若不在身邊幾乎像丟了半條命。

　　木心有一首詩叫作《從前慢》：

記得早先少年時
大家誠誠懇懇
説一句 是一句

清早上火車站
長街黑暗無行人
賣豆漿的小店冒著熱氣

從前的日色變得慢
車，馬，郵件都慢
一生只夠愛一個人

從前的鎖也好看
鑰匙精美有樣子
你鎖了 人家就懂了

　　我們懷念"從前慢"，懷念的不是通信的低效、簡陋，而是"慢"中的安靜和誠懇，是珍惜每一個交流的機會，是書信電報裏的每一個字都好好寫，細細看。
　　現在呢？通信手段多了，交心的時刻也多了嗎？

● 【賈錫剛 原北京電報大樓國際值班長（代號 "815"）】

"最快的通信手段就是電報。"

那個時候不是每個家庭都有電話，對老百姓來說，最快的通信手段就是電報。只要你有通信地址，我們就可以發電報。電報會在規定時間內送到收信人手裏。

"我的代號是'815'。"

我們報務員之間是有代號的，我當時是通信值班長，代號是 "815"。夜裏，值班長要履行全國通信的處理意見，很光榮，也很艱巨。

不管是電報溝通還是電話溝通，都要報自己的代號，作為一種憑證。很多人都知道我的代號，但並不知道我的名字。

作為報務員，一要有責任心，二要有時間觀念。因為電報是有等級的。最快的等級要在電報旁邊貼一個黃色的條，比如氣象電報或者有關人命安全的電報。貼個紅條，就是加急電報。貼藍條，就是國際政務電報，就要求我們只能看、不能說，這是一個國家的通信紀律。

"參與了國家重大事件的傳遞工作，非常光榮。"

有件事情我至今記憶猶新。那次是，台灣的蔣經國先生去世了——那時，大陸和台灣沒有通信聯繫，想發電報也發不出去。但我們的外交部發了一份署名鄧穎超的唁電，這份電報，正好交給了我。

這封電報怎麼發呢？要通過好多個國家中轉。讓我意外的是，這份電報居然沒有被退回來，第二天報紙就登出來了。

後記

新華社《國家相冊》欄目組

新華社中國照片檔案館被稱為"歷史影像秘境",保存著超過 1,000 萬幅照片。

2016 年夏,在圍繞這些老照片講述中國共產黨 95 年歷史的微電影《紅色氣質》獲得巨大成功之後,何平總編輯提出,繼續開掘這個寶藏,以一種前所未有的影像方式講述百年國史。那年 9 月 2 日,新華社《國家相冊》微紀錄片欄目誕生了,每週推出一期,這一推就是 100 期,是為第一季。

兩年來,《國家相冊》讓五千餘幅曾經沉睡的經典歷史影像"活"了起來,在歷史記憶與今人感受中尋找契合點,力圖喚醒更多人與歷史溝通的能力。而今我們從中選出以改革開放為題的最具代表性的 13 期,化視頻為圖書,為改革開放 40 週年獻上一份獨特的紀念。

攝影是為保存歷史中最生動、最細節的部分而存在的。歷史被收進底片,經過漫長歲月,因著《國家相冊》,這些被刻上時代印記的影像再一次進入人們的視野。

感謝拍攝這些照片的攝影記者們,他們深入到歷史的現場,用鏡頭記錄風雲歲月,留下百年中國相對完整和權威的影像。今天,他們拍攝的很多影像已成為珍貴文獻,被歷史繼續定義,並被一遍遍反覆使用。

感謝守護這些影像的一代代檔案工作者,他們日復一日地與照片默默相對,收集、分類、整理、提供。他們幾十年只做了一件事——照片檔案一張不能少、一張不能損。近 30 年來對照片檔案的現代化管理,又為研究者和梳理者提供了極大的方便。

感謝參與《國家相冊》撰稿的新華社一百三十餘位傑出的記者,他們情感豐沛、見微知著,懷揣使命情懷,為挖掘隱藏在影像背後的價值嘔心瀝血。每集文稿一千多字,撰稿者往往要改動十幾稿,有一集撰稿者甚至改了

42 稿！

　　感謝年輕的後期製作團隊（大多是 90 後），他們在最好的年華走進《國家相冊》，由 "術" 至 "道"，由淺入深，從特效製作到漸漸讀懂影像中的文化與歷史……

　　感謝《國家相冊》的諸位策劃者和把關人，是他們的思想和創意為欄目的發展指明了路徑。對這些每期時長不過五六分鐘的小片子，在選題、粗片、成片等幾個關鍵環節，欄目總策劃何平同志都要親自審閱。白林、汪金福、劉潔等策劃人則以近乎嚴苛的編審要求，逐篇審改，保證了短片的品質。

　　感謝《國家相冊》製片人田舒斌、聯合出品人儲學軍，他們的鼎力支持為欄目的成功提供了有力的保障。

　　感謝真誠熱情、精益求精的出版社編輯和設計團隊，將 13 部微紀錄片變成了一本美好的圖文書。

　　《國家相冊》每一集，都是一次對歷史的回眸；對歷史的每一次回眸，都是為了尋找向前的力量。

2018 年 11 月

責任編輯：沈夢原

書籍設計：任媛媛

書　　名	國家相冊——改革開放四十年的家國記憶（典藏版）
編　　者	新華社《國家相冊》欄目組
出　　版	三聯書店（香港）有限公司
	香港北角英皇道 499 號北角工業大廈 20 樓
	Joint Publishing (H.K.) Co., Ltd.
	20/F., North Point Industrial Building,
	499 King's Road, North Point, Hong Kong
香港發行	香港聯合書刊物流有限公司
	香港新界大埔汀麗路 36 號 3 字樓
印　　刷	深圳市新聯美術印刷有限公司
	深圳市龍華區大浪街道浪口工業區佳鼎科技園 B 棟 2 樓
版　　次	2019 年 9 月香港第一版第一次印刷
規　　格	16 開（185 × 245 mm）336 面
國際書號	ISBN 978-962-04-4475-3
	© 2019 Joint Publishing (H.K.) Co., Ltd.
	Published in Hong Kong

本書原由商務印書館有限公司出版，經原出版者授權本公司在港澳台地區出版
發行本書中文繁體字版。